ニッポン政界語読本 会話編

無責任三人称から永遠の未来形まで

イアン・アーシー 著

太郎次郎社エディタス

この教材を使用するにあたって

一　本書は、いわゆる「政界語」の**会話**の理解力を高めたい庶民の一助として編集したものです。

一　**政界語**とは、永田町を中心に分布し、「政治家」とその近縁種の「役人」とよばれる生きものたちが発する特殊な言語。日本語によく似た言語的特徴を有しながら、政界という不思議な環境で特異な発展を遂げてきました。結果として、日本語で聞き慣れない、日本語と微妙に意味の違う、あるいは日本語としてほとんど通じない表現も多くふくんでいます。そのため、正しく理解するには、日本人であっても、特別な訓練が欠かせません。なのに、その助けとなる教材や参考書は皆無といってもいいでしょう。それが本書および姉妹編の『ニッポン政界語読本【単語編】――ぼかし言葉から理念の骨抜き法まで』を世に問うゆえんです。

一　本書では、政治家の日常会話ならぬ非日常会話を支えるふたつの要素をとりあげます。つまり、**ふつうの日本語のふつうじゃない使い方**と、**政界語の屈折した文法**。用例を集中的に勉強することによって、政治家の会話術を見抜くのに必要な能力を身につけることが学習目標です。一方、本書の姉妹編では、政治家が駆使する異次元単語にたぶらかされないための免疫力を身につけていただきます。

一　本書と姉妹編を通じて、歴代総理大臣や閣僚をはじめ、多くの政治家の方々★に教材のご提供をお願いしたところ、快く応じてくださいました。もとい、勝手にその発言を使っています。この場を借りて、心からお礼申し上げます。吹きだすしかない文例もたくさんふくまれていますので、その精神を大事に、「その言葉を笑って、その人を憎まず」という学習姿勢で臨みましょう。

一　「イアン・アーシー」というずいぶん怪しい名前の者が、いったいどういう資格をもって本書を書いたのか、といぶかしむ受講生もおられるのではないかと予想されます。申し遅れましたが、私は政界語研究の第一人者と自負しております（ひとりしかいないんで）。しかも、日本語を愛する、正真正銘のへんな外人です。それ以上の資格って、いりますか？

それでは、さっそく政界語の非日常会話の数々に耳を傾けましょう。

★＝教材提供者の肩書きはすべて発言当時のものとします

ニッポン政界語読本【会話編】目次

★教材提供者の肩書きはすべて発言当時のもの

第2部 政界語の文法的特徴

レッスン5 答弁回避形……105

第1部

ふつうの日本語のふつうじゃない使い方

ある日、ひさしぶりにアナログな気分を味わおうと思ってラジオのダイアルを回してみたら、たまたま野球中継をやっていました。ちょうど解説者が興奮気味に、

「走者三人帰った！」

と言っているところでした。

これにはたまげた。試合の途中で走者が三人も突然うちに帰っちゃうなんて、チームは困るじゃないか、と思ったのです。

しかし、あとから気がついたのですが、これは私のたんなる勘違いでした。野球用語としての「帰る」には「走者が本塁を踏んで得点になる」という独特の意味があるそうです。辞書にもちゃんと載っています。この場合は、「帰宅する」という意味じゃありません。

相撲でも、力士について「土俵際で残した」と言ったりしますが、「土俵際で何を残したんだろう？　小銭かしら」などと聞いてはいけません。この「残す」は相撲独特の言いまわしで、「踏んばる」のような意味です。やはり辞書に載っています。

このように、ごくふつうの日常的な言葉でも、特定の世界では特別な意味を帯びます。政界語でも、日常会話に出てきそうな日本語はたびたび登場します。ただ、うっかりしてはいられません。身近な日本語だからといって、身近な用法で使われているとはかぎらないのです。どういうことでしょうか。いっしょに見ていきましょう。

レッスン0　あなたの政界語レベルチェック

　はじめに、みなさんのレベルチェックをおこないたいと思います。
　つぎの問題文は、安倍晋三《あべしんぞう》総理の発言ですが、政界語特有の用法で使われている、ある身近な日本語が隠れています。特定できますか？

問題文（レベルチェック用）

　一般論としては、忖度《そんたく》されたか否かは、される側にはですね、例えば私のことを忖度しているという、こう言われているんですが、される側には分かりにくい面があるわけでありまして、私として、なかったと、こう言い切ることはもちろんできないわけであります。（中略）忖度があったのではないかとの批判があることは真摯《しんし》に受け止めたいと思います。政権の長期化によってこうした、そうした国民的な懸念が高まっているのであれば、今後は更に慎重に対応していかなければならないと考えています。

（二〇一八年五月十四日、参議院にて）

解答の求め方

　みなさん、身近な日本語の特殊用法はわかりましたか？
「忖度」だと思う受講生、手を挙げてください。けっこうおられるようですね。私が仕掛けたひっかけ問題にきれいにひっかかってくれて、ありがとうございます。

「忖度」は安倍政権のおかげで、たしかに近年、日常語になってはいます。でも、問題文の用例は特殊用法とはいえず、むしろ絵に描いたような典型的な意味で使われています。

子どもでも知っているような、もっとかんたんな言葉を探してみましょう。

安倍総理は「忖度があったのではないかとの批判があることは真摯に受け止めたい」と言っていますね。この「受け止める」は何でもなさそうな、ごくふつうの日本語ではないでしょうか。

もとの意味は文字どおり「受けて、止める」ということです。「ボールを手で受け止める」と言えば、ボールを手で受けてその進行を止める、つまりキャッチすることですよね。そこから発展して、「受け止める」は比喩的に、ある事態や人の言葉や気持ちなどをどのようにとらえるか、解釈するかという意味で使われるようになります。たとえば……

サナエちゃん　「フミオくんのおバカなところはかわいいね」と言ったら、告白と受け止められちゃったみたい。どうしよう？

タロウくん　誤解を招いた責任をとって、つきあうしかないだろう。おれだったら侮辱と受け止めるけど。

サナエちゃん　かわいくないわね。

タロウくん　それ、ほめ言葉と受け止めていい？

では、前述の安倍総理の「真摯に受け止めたい」は？　この「受け止める」もやはり比喩的な意味で使われています。ただ、この場合、事態を具体的にどう解釈するかよりも、どのような気持ちでとらえるかのほうに重点があります。その気持ちは「真摯に」という言葉で表現されています。問題は、そんな気持ちで「受け止めた」結果、何をするか、ということです。

何もしないのです。「受け止める」だけ。

安倍総理は「忖度があったのではないかとの批判があることは真摯に受け止めたい」とはたしかに言いました。しかし、そのあと、みなさんはこんな新聞の見出しを見ましたか?

批判を真摯に受け止め

首相、新ガイドラインを発表　忖度は原則禁止

シングルマザーはじめ社会的弱者への忖度は例外

批判を真摯に受け止め

政府、財務省の全職員に忖度防止研修を義務化

麻生蔵相も対象

見ていませんよね。

というわけで、レベルチェック問題の正解は「受け止める」ですね。政界語では、この「受け止める」の使い方はとても特殊です。真摯に受け止めたり謙虚に受け止めたり重く受け止めたりして、それで終わり。そう言ってみせることによって国民に淡い期待をいだかせるだけで、何かがじっさいに変わるわけではありません。いままでのやり方や既定路線でそのまま突っ走るのみ。

用例をもうひとつ見てみましょう。

背景

安倍政権を揺るがした財務省の公文書改竄《かいざん》事件。書きかえを強いられたことを苦に自殺した近畿財務局職員、赤木俊夫《あかぎとしお》さんの妻・雅子《まさこ》さんが事件の数年後、国の不誠実な対応を批判する抗議文を財務省に提出しました。その抗議文の「受け止め」について記者に聞かれて、当時の財務大臣、岸《きし》田《だ》内閣の鈴木俊一《すずきしゅんいち》大臣がどう答えたかというと……

文例

この手紙を読みまして改めて赤木雅子さんの思いというもの、それをしっかり受け止めているところでございます。

（二〇二一年十二月二十四日、閣議後会見にて）

解説

その後も事件を葬ろうとする国の姿勢がぜんぜん改まっていないから、この「しっかりと受け止める」は「既読スルー」と解していいでしょう。

それでは、政界語における日常語のふつうじゃない使い方を本格的に勉強しましょう。

レッスン1 「理解」の特殊用法

ごくふつうの日本語には「理解」という単語があります。政治家のみなさんもよく使っています。ただ、かれらの使い方は一般的な用法とは微妙に違います。
「理解」はふつう、自分でも他人でもしたり、できたり、できなかったりするものです。つぎの例文を考えてください。

——あなたの気持ちは理解しました。それなら別れましょう。
とか、
——スマホの料金プランはあまりにもややこしくて理解できない。
——たしかに。理解できる人っているのかな。
とか、
——ウチのワンちゃん、ぼくの言うこと理解してるみたいですよ。
——そんなわけないだろう。おれだっておまえの言ってること理解できないんだから。
とか。

しかし、政治家、とくに政権与党の政治家が、自分を「理解」の主語に据《す》えることは少ないんです。かれらにとって、「理解」は自分たちが「する」ものというより、国民に求めるものなのです。ただ、困ったことに、日本国民のみなさんは頑固な連中で、くり返し理解を求められても、なかなか理解してくれません。

日本国民のなかでも、とりわけ為政者に対する「理解」度が低いのは沖縄県民でしょう。

そこで、沖縄県をめぐる言説を例に、政界語における「理解」の特殊用法をいっしょに勉強しましょう。

▼沖縄県民と「理解」の微妙な関係

背景

沖縄県宜野湾《ぎのわん》市にある米軍の普天間《ふてんま》飛行場。世界一危険な米軍施設だといわれています。日本への返還が決まったのは一九九六年。ただ、その前提条件として、代替の施設を同じ沖縄の名護《なご》市辺野古《へのこ》につくることになりました。しかし、四半世紀がたったいまも、移転はまだ実現していません。新たな施設の建設に対する地元の「理解」が進まないのが、そのおもな理由です。

そのかん、歴代政権はほぼ同じ決まり文句をくり返してきました。

文例

これからも粘り強く**沖縄の皆様方に御理解を深めていただくために**、精いっぱい努力をしてまいらなければならないと思っています。
（鳩山由紀夫《はとやまゆきお》総理、二〇一〇年五月二十八日、記者会見にて）

普天間飛行場の移設問題については（中略）**沖縄の方々の御理解を求め**、誠心誠意話し合ってまいります。
（菅直人《かんなおと》総理、二〇一〇年十月一日、所信表明演説にて）

普天間飛行場の移設問題についても、日米合意を踏まえ、引き続き、沖縄の皆様の声に真摯《しんし》に耳を傾け、誠実に説明し、**理解を求めながら**、沖縄の負担軽減を図るために全力で取り組みます。
（野田佳彦《のだよしひこ》総理、二〇一二年一月二十四日、施政方針演説にて）

引き続き、**地元の皆さんの御理解を得る努力を続けながら**、普天間の全面返還に向けて全力で取り組んでまいります。
（安倍晋三《あべしんぞう》総理、二〇一七年一月二十四日、衆議院にて）

着実に工事を進めることこそが、普天間飛行場の一日も早い全面返還と危険性の除去につながるものです。これからも、**地元の皆さんの御理解を得る努力を続けてまいります。**
（菅義偉《すがよしひで》総理、二〇二一年四月二十日、衆議院にて）

従来から申し上げておりますように、日米同盟の抑止力と一方で普天間飛行場の危険除去、この二つを考え合わせた時に唯一の解決策であるということで、**県民の皆さん方に御説明し、御**

理解をお願いしていることであります。（岸田《きし》文雄《ふみお》総理、二〇二二年五月十五日、記者会見にて）

あまりにも似たり寄ったりで、民主・自民を問わず、どの政権の発言かはまったく区別できませんね。つぎの例文もそうです。

文例

菅内閣としては、日米合意を踏まえて、この基地の問題について、**沖縄の皆さんの御理解を得るべく努力をしている**ところでございます。これが**菅内閣**としての方針でございます。

プチクイズ

さて、突然ですが、ここで、まぎらわしい名字クイズをしたいと思います。菅内閣の官房長官の言葉ですが、この「菅」は何と読んで、どちらの菅内閣を指すでしょうか？

（イ）「かん」と読んで、民主党の菅直人《かんなおと》内閣を指す。
（ロ）「すが」と読んで、自公の菅義偉《すがよしひで》内閣を指す。

《正解》

二〇二一年ごろ、（ロ）の菅義偉《すがよしひで》内閣の加藤勝信《かとうかつのぶ》官房長官が言ったとしても、ちっとも不思議じゃありません。本人にこのプチクイズをやらせてみても、「自分が言ったかも」と答えるかもしれません。しかし、正解は（イ）。二〇一一年二月十五日、菅直人《かんなおと》内閣の枝野幸男《えだのゆきお》官房長官が国会で答弁したものです。やがて菅《すが》内閣の官房長官となる、ほかでもない加藤勝信議員に対して。

解説

歴代の政権が長年にわたって、こんなに粘り強く、誠心誠意話しあって、真摯に耳を傾け、誠実に説明し、全力で取り組みながら、沖縄のみなさんの御理解を得る努力を精いっぱい続けてきたにもかかわらず、沖縄のみなさんの多くはたいへん冷たく、ぜんぜん理解しようとしません。それどころか、辺野古の基地建設に反対する首長《くびちょう》や国会議員をつぎつぎと当選させてきました。県民投票までやっちゃって、新基地建設に欠かせない辺野古の埋め立てに圧倒的多数で反対しました。

それでも、政府のエラい方々は、「理解」していないのは自分たちのほうだという可能性すら、夢にも思ったことがないようです。

ところで、「理解」というのはふつう、何かの理解です。英語の理解とか、人語の理解とか、量子物理学の理解とか、ウナギがどうやって交尾するかの理解とか。

では、歴代政権が沖縄のみなさんに呼びかけてきた「理解」は、何の理解でしょうか。何を理解しろというのでしょうか。

その答えは、歴代首相のひとり、菅義偉総理のつぎの答弁から、だいたい読みとれます。

文例

世界で最も危険と言われる普天間飛行場が**固定化され**、**危険なまま置き去りにされることは、絶対に避けなければなりません**。これは、地元の皆様との共通認識であると思います。日米同盟の抑止力の維持と普天間飛行場の危険性の除去を考え合わせたとき、辺野古移設が**唯一の解決策**です。（中略）この方針に基づいて着実に工事を進めていくことこそが、**普天間飛行場の一日も早い全面返還を実現し**、**その危険性を除去することにつながる**ものです。これからも、地元の皆様の**御理解を得る努力**を続けてまいります。

（二〇二〇年十月二十八日、衆議院にて）

解説

逆に言えば、辺野古で代替施設をつくらせてくれないかぎり、世界でもっとも危険な普天間飛行場は返還されないし、その危険性は除去されない。それを理解しろというのです。受講生のみなさんはこれをどう「理解」されますか？

（イ）理想的じゃないかもしれないが、安全保障上の脅威が高まっているなか、いちばんマシな選択肢だ。

（ロ）普天間飛行場の返還だけを選べないから、抱き合わせ販売のようなものだ。

（ハ）きわめて危険な製品のリコールをおこなうかわりに、負担のきわめて重い工事を強引に押しつける。しかも、その工事が完了するまでは、リコール自体はいっさいしようとしない。完全に悪

ご理解を求め
ご理解を求め
ご理解を求め
ご理解を求め
ご理解を求め
ご理解を求め
ご理解を求め
?

徳商法だ。

このクイズには客観的な正解がないので、採点はいたしません。しかし、沖縄の多くの方々は（ハ）と「理解」するのではないでしょうか。

普天間飛行場の「固定化」をぜったいに避けなければならないというのも興味深い表現ですね。菅《すが》さんにかぎらず歴代首相や大臣がくり返し使ってきた言いまわしですが、まだ「固定化」されていないとでも思っておられるのでしょうか。そもそも、普天間に米軍基地ができたのは第二次世界大戦末期、一九四五年四月。菅さんをはじめ、先述の総理全員が生まれるまえのことです。だから、普天間飛行場はとっくに「固定化」されている、というのがふつうの感覚なのでは。やっぱり国家百年の計をたてる宰相たちがもっている語感やスケール感は、われわれ凡人とは違いますね。

▼補足　理解が得られない場合の常套句「粛々と」

では、どうしても「理解」が得られない場合、政府としてはどうすればいいのでしょうか。安倍政権の菅義偉官房長官に聞いてみましょう。

文例
辺野古移設については安全性に留意をしながら、そこは**粛々と**進めて行きたい、こう思っています。

（二〇一五年一月十五日、記者会見にて）

粛々と進めるわけですね。これは一時期、菅官房長官の口癖になって、地元の「理解」がなかなか得られないなか、辺野古移設との関連でしょっちゅう口をついて出ました。

法律に基づいて**粛々と**埋立てを今行っているということであります。（中略）**粛々と**そこは埋め立てているということであります。（中略）辺野古への移設工事については、安全を確保しつつ**粛々と**今進めております。

（二〇一五年二月三日、参議院にて）

海上ボーリング調査については、環境面に万全を期して本日も**粛々と**進めているということであります。（中略）政府としては、**粛々と**法令に則って、進めさせていただきたい、このように思います。

（二〇一五年三月二十四日、記者会見にて）

解説

では、この「粛々」はいったいどういう意味でしょうか。『広辞苑』で「粛粛《しゅくしゅく》」を引くと、「つつしむさま」「静かにひっそりしたさま」「ひきしまったさま」「おごそかなさま」とあります。どれもしっくりきませんね。

移設を進める政府は「つつしんでいる」どころか、沖縄県民の民意を踏みにじっているようにしか見えません。移設作業は「静かにひっそりしている」どころか、工事の轟音《ごうおん》や反対するデモ隊の怒声が絶えないでしょう。「ひきしまっている」どころか、費用は嵩《かさ》む一方だし。こんなドタバタが「おごそか」といえるのでしょうか。

菅官房長官の言う「粛々」の意味を解明するのに、『広辞苑』などの定評ある国語辞典はあまり役に立ちませんね。でも、言葉には、辞書に載っていない意味はいくらでもあります。そんなときは、意味をその使われている文脈で考えればいいのです。

辺野古に関して「粛々」が使われている文脈とは何でしょう。言いかえれば、「粛々と進める」と政府がみずから形容している進め方とは、具体的にどういう進め方でしょうか。客観的な事実だけをあげましょう。

(1)政府は選挙や県民投票で示された多くの県民の反対を押しきって、辺野古移設を「進めている」。

(2)移設を阻止しようとする県に対して、つぎつぎと代執行訴訟や不服申し立てをおこないながら「進めている」。

(3)「工事が進まなければ、予算も少なくなる」と脅してみたり、協力しそうな沖縄県側の組織に公金を支出したりして、アメとムチを使いわけながら「進めている」。

あの「粛々」の具体的な中身はだいたい以上の通りです。辞書に載っている定義のイメージからはずいぶんかけ離れていますね。このような進め方をより的確に形容する日本語がありそうです。
菅官房長官の「そこは**粛々と**進めて行きたい」にかわって、たとえば……

そこは**強引に**進めて行きたい。
そこは**ゴリ押しで**進めて行きたい。
そこは**無神経に**進めて行きたい。
そこは**いけしゃあしゃあと**進めて行きたい。
そこは**傍《ぼう》若《じゃく》無《ぶ》人《じん》に**進めて行きたい。

受講生のみなさんも、ご自分でひとつ考えてみてください。

そこは［　　　　］**に／で／と**進めて行きたい。

しかし、永田町界隈ではこんなに露骨に言うはずがありませんので、一見無害な「粛々と」を流用して、やっていることの実態をオブラートに包みます。どの辞書にも載っていない、政界語独特の用法なのです。
どうしても「理解」が得られない場合、どうすればいいかって？「粛々と進める」と言って、強行すればいいのです。

反響とその後の展開

この「粛々」の独特の用法はやはり、多くの沖縄県民の癪《しゃく》にさわりました。当時の翁長雄志《おながたけし》沖縄県知事が菅官房長官を面と向かってしかったぐらいです。

上から目線の「**粛々**」という言葉を使えば使うほど、県民の心は離れて、そして怒りは増幅していくのではないかなと、このように思っております。ですから私は辺野古の新基地はぜったいに建設することができないという確信をもっております。

（二〇一五年四月五日、菅官房長官との会談にて）

翌日、菅官房長官は反省の弁めいたことを述べました。

粛々と進めていくということも上から目線ということでありましたので、そういうふうに感じられるんであれば、それは表現を変えていくべきだろうというふうに思っています。

政策を変えていくべきだというふうには思わなかったようです。

じゃ、「粛々とは使わない？」と記者に念を押されて、

そういう不快な思いを与えたということであれば、そこは使うべきじゃないだろうというふう

に思ってます。

（以上、二〇一五年四月六日、記者会見にて）

と応じました。やはり政治家らしく、「もう使わない」との明言を避け、「不快ならば使うべきじゃないだろう」とだけ言います。

ただ、「使うべきでない」という新方針はすぐには政権に浸透しなかったようです。数日後、安倍総理は国会答弁のなかでまた言っちゃいました。

文例

そして、一日も早く普天間の危険を除去しなければならないという観点から今工事等を進めているのでございますが、既にある法令にのっとってこれは**粛々と**進めているわけでございます（後略）。

（二〇一五年四月八日、参議院にて）

しばらく経つと、菅官房長官自身にもかつての口癖がもどりました。

文例

政府とすれば、当然決定に従って、まさに**粛々と**工事を進めていきたい、こういうふうに思っています。

（二〇一七年三月二七日、記者会見にて）

と「粛々と」をやたら強調しながら、わざとらしく言いました。挑発じゃないかと思うぐらいの強調ぶりでした。「いまだに理解してくれないから粛々と進めてやろう」と言わんばかりに。

参考文例

辺野古の問題以外に、「粛々と」が使われがちな文脈がもうひとつあります。死刑です。こんな感じの発言で。

正義の実現のために、**粛々と**執行させていただいております。

（福田康夫《ふくだやすお》内閣の鳩山邦夫《はとやまくにお》法務大臣、二〇〇八年六月十七日、記者会見にて）

死刑の執行は、慎重な手続を経た上で、法の定めに従い**粛々と**行ったことの結果であって、決して意図的に執行件数を増やしているわけではございません。

（麻生太郎《あそうたろう》内閣の森英介《もりえいすけ》法務大臣、二〇〇八年十一月十三日、参議院にて）

死刑は法の定めるところにより慎重かつ**粛々と**執行していきます、それだけ言っていただければいいんですよ。

（のちに安倍内閣の法務大臣となる河井克行《かわいかつゆき》衆議院議員、二〇一一年九月二十七日、衆議院にて）

解説

この文脈では、「粛々」は私情を排して、法の厳密な規定や判決の内容以外のことをいっさい考慮せず、というようなニュアンスでしょう。まあ、死刑の話だから、それはしかたがないかもしれません。政府のおエラ方の感覚では、辺野古移設にも同じぐらい厳しい姿勢が求められるようです。

こぼれ話

「理解」といえば、こんなエピソードもありました。

また連立のパートナーであり、社民党党首であります福島大臣にも残念ながら**ご理解をいただけませんでした。**結果として、福島大臣を**罷免せざるを得ない**事態に立ち至りました。

（鳩山由紀夫総理、二〇一〇年五月二十八日、記者会見にて）

《大意》福島大臣は理解してくれないからクビにした。

鳩山政権の福島瑞穂《ふくしまみずほ》消費者担当大臣は何を理解してくれなかったかというと、やはり辺野古の新基地建設についてです。普天間飛行場を辺野古に移設する旨の閣議決定への署名を拒んだのです。そこで鳩山総理はしかたなくクビにしました。粛々と。

「理解」を求められても頑として「理解」してあげないんだったら、それなりの覚悟が必要です。

みなさん、気をつけましょう。

応用

戦国時代の三人の天下人の性格を表す有名な句があります。ほととぎすが鳴かないから、

鳴かぬなら殺してしまえ時鳥《ほととぎす》（織田信長）
鳴かぬなら鳴かしてみしょう（みせよう）時鳥《ほととぎす》（豊臣秀吉）
鳴かぬなら鳴くまで待とう時鳥《ほととぎす》（徳川家康）

では、民主主義を掲げるこんにちの日本の為政者たちなら、どのような態度で非協力的なほととぎすに臨むのでしょうか。

まず、鳴くのが唯一の解決策であることを、誠心誠意、丁寧に説明し、もっとも大切なほととぎすのみなさま方のご理解を得る努力を粘り強く続けるでしょう。しかし、もしも、残念ながら、ほととぎすのみなさまのご理解を得られるに至らない場合、観賞用鳥類発声等《とう》促進法に基づく強制執行の手続きを粛々と進めるにちがいありません。

歌心のあるみなさんは一句詠んでみてください。

練習問題

では、練習問題です。言いかえ問題です。

以下の問**1**～**3**は、それぞれ短いダイアログです。傍線部の日本語にもっとも意味の近い政界語を、続く選択肢の（イ）～（ハ）から選びなさい。

1

狼　ふっふっふっ！　うまそうな子豚だな。食べちゃうぞ。

子豚　狼さん！　食べられたくない！　お願いだから助けてくれ！

狼　おまえの気持ちなんか知るもんか！　食べちゃうぞ。

2

ブラック社長　困ったな！　内部留保が数兆円しかないから、時給の引き上げは五円に抑えよう。

人事担当役員　そのていどの引き上げをどうやってパートさんに飲ませるんですか、社長？

ブラック社長　認めなければ首にするぞと脅してやる。

3

年金生活者　ずいぶんまえに預けた五百万円の定額貯金を解約したいんですけど。けっこう利子ついているだろうな。むふふ。

ゆうちょ銀行さん　申し訳ございません。お客さまの貯金はすでに全額没収して国に納めました。

年金生活者　ええええ?!（文字どおりひっくり返る）なんで?!　納得できません。

ゆうちょ銀行さん　カネの巻き上げはお上が決めたことだから、あきらめてください。

選択肢

（イ）払い戻しの権利の消滅が法令に基づく措置であることをご理解ください。

（ロ）畜産物消費促進策を粛々と進めさせていただ

きたい、このように思います。

（ハ）大切な非正規雇用のみなさまの御理解を得る努力を続けてまいります。

解答

1（ロ）　**2**（ハ）　**3**（イ）

問題作成協力

問**3**の解答の作成にあたっては、ゆうちょ銀行からお客さんにじっさいに送られた手紙の文言を参照させていただきました★。この場を借りてお礼を申し上げます。はい、みなさん、このめちゃくちゃな話は私がでっちあげた与太話ではなく、実話に基づいています。

★＝二〇二二年十一月七日の朝日新聞デジタルにて報道。

レッスン2 「誤解」の特殊用法

「理解」の関連語に「誤解」というのがあります。これもごくふつうの日本語。政界語でもよく使われていますが、やはり、その用法は独特です。すでに見てきたように、政治家が自分を「理解」の主語に据えることはあまりありません。「誤解」の場合、この傾向はさらに顕著です。政治家から見ると、「誤解」は自分のするものではありません。自分の発言が国民にされてしまうものなのです。

いくつかの用例を見ていきましょう。

▼「誤解」のケース1

誤解された発言

二〇一七年六月二十七日。安倍内閣の稲田朋美《いなだともみ》防衛大臣は東京都議会選挙に出馬している自民党候補の応援演説で、こんなことを言いました。

しっかりと自衛隊・防衛省とも連携のある○○候補、ぜひ二期目の当選、ほんとうにたいへんですから、お願いをしたいと、このように**防衛省、自衛隊、防衛大臣、自民党としてもお願いをしたい**と、このように思っているところでございます。

この言葉は広く、つぎのように解釈されました。

自民党の○○候補の二期目の当選について、防衛省、自衛隊、防衛大臣、自民党としてもお願いをしたい。

みなさんも、おそらくこのように解釈されたのではないかと察します。

ほんとうにそういう意味だったら、絶句するほどの問題発言です。防衛省や自衛隊として、あるいは防衛大臣の地位を利用して、特定の政党の肩を持つのはぜったいにあってはならないから。そのところを世界でもいちばんよくわかっているはずなのは、軍部が政治に介入して悲惨な戦争を引き起こしてしまった苦い歴史のある日本でしょう。

たしかに、すなおに読めば、以上のような意味にしかなりません。しかし、稲田大臣によると、この解釈はみなさんのたんなる「誤解」だそうです。

ここで押さえなければならないのは、問題発言をふつうの日本語の感覚で解釈した場合と、言ってしまった政治家本人の頭のなかで再解釈した場合の違いです。

本人による再解釈

稲田大臣の発言は、たいへんな物議を醸しました。そこで大臣はその日のうちに撤回。それでも、ほとぼりが冷めないから、三日後の記者会見で正しい解釈を伝授する一方、あらためて撤回しました。

今週二十七《にじゅうなな》日に板橋区において実施した、東京都議会議員選挙の応援演説については、**演説を実施した板橋区の隣の練馬区に所在する練馬駐屯地など、自衛隊を受け入れている地元に感謝する趣旨**も入れた演説ではあったものの、**誤解を招きかねない**発言があったため、直後に趣旨を説明し、同日中に会見し、撤回・お詫び申し上げた次第でございますが、この場において、改めて「防衛省・自衛隊、防衛大臣」の部分は撤回し、お詫び申し上げます。

これと同じようなことを、記者とのやりとりでえんえんとくり返しました。

まず私としては、「**防衛省・自衛隊、防衛大臣」としてお願いするという意図は全くなく**、あくまでも自民党として、私も自民党の国会議員としてお願いに伺ったわけであります。そういうことを述べるつもりでございましたし、**私の真意について**、有権者の皆様、また、国民の皆様にも**誤解を招きかねない**ものであるということで、今、記者が仰った「防衛省・自衛隊、防衛大臣」の部分、この点については、撤回をし、お詫びを申し上げたということでございます。

(中略)

防衛大臣として応援演説の中で、**防衛省・自衛隊として、地元の皆様に感謝する**という趣旨のことも申し上げたところではございますけれども、**誤解を招きかねない**部分、ここについてはしっかりと撤回をして、改めてお詫びを申し上げたいというふうに思います。

（以上、二〇一七年六月三十日、記者会見にて）

ぜんぶ引用するわけにはいきませんが、稲田大臣はなんと、合計三十四回も「誤解」を連発したのです。おそらく日本新記録でしょう。

これでなんとか首がつながりましたが、わずか一か月後、別件で防衛大臣を辞任しました。

解説

稲田大臣は、言ってはいけない発言だったから撤回すると言っているのではありません。真意が「誤解」されかねない発言だったから撤回するというのです。では、発言の真意を確認してみましょう。本人の解説を参照すると、正しい解釈はこうらしいのです。

〇〇候補、ぜひ二期目の当選、ほんとうにたいへんですから、この人に投票をお願いしたいと、**このように**あくまでも自民党として**お願いをしたい。ところで（選挙とはまったく関係ない余談なんですけど）、**防衛省、自衛隊、防衛大臣としては、地元の皆様に感謝している。**

これを稲田朋美流に凝縮すると、こうなるわけです。

〇〇候補、ぜひ二期目の当選、ほんとうにたいへんですから、お願いをしたいと、このように防衛省、自衛隊、防衛大臣、自民党としてもお願いをしたい。

稲田大臣がじっさいに発した言葉ですね。

たしかに、大臣が指摘されるように、「誤解を招きかねない発言」でした。私は長年翻訳で食っていますが、これを英訳しろと頼まれていたら、大臣が授けた正しい解釈どおりに、「防衛省、自衛隊、防衛大臣としては、ローカルのエブリバディにサンキュー」などと、ぜったいに訳せなかったと思います。つぎの意味で訳してしまったにちがいありません。

〇〇候補、ぜひ二期目の当選、ほんとうにたいへんですから、この人に投票をお願いしたいと、このように防衛省、自衛隊、防衛大臣、自民党としてもお願いをしたい。

これは誤訳というわけですが、マスコミをはじめ、この発言に接した日本人のみなさんもほぼ例外なく同じように「誤解」してしまいました。日本語、ではなく、政界語はほんとうに難しいですね。

▼「誤解」のケース2

誤解された発言

二〇一三年七月二十九日。安倍内閣の麻生太郎《あそうたろう》副総理兼財務大臣はある民間のシンクタンクにおけるシンポジウムの講演で、憲法改正問題とからめて、こんな話をしました。

ドイツはヒトラーは、民主主義によって、きちんとした議会で多数を握って、ヒトラー出てきたんですよ。（中略）ヒトラーは、選挙で選ばれたんだから。ドイツ国民はヒトラーを選んだんですよ。間違わないでください。

そしてしばらく脱線してから、戦前のドイツに話をもどしてうそぶきました。

憲法は、ある日気づいたら、ワイマール憲法★1が変わって、ナチス憲法★2に変わっていたんですよ。だれも気づかないで変わった。**あの手口学んだらどうかね。わーわー騒がないで。**

★1＝「ワイマール憲法」。第一次世界大戦後の一九一九年、敗戦国ドイツで成立した先進的な民主主義憲法。一九三三年、ヒトラー率いるナチスの政権奪取で事実上廃止。
★2＝「ナチス憲法」という憲法が存在したわけではありませんが、麻生副総理は存在したと「誤解」したらしいので、不問に付しましょう。

この発言は国内にとどまらず、国際的にもたいへんな反発を呼びました。海外のマスコミが大きく報道し、中国や韓国の政府が批判し、アメリカのユダヤ人人権団体までが抗議しました。一般的にこのように解釈されてしまったからです。

ある日気づいたら、ワイマール憲法が変わって、ナチス憲法に変わっていたんですよ。だれも気づかないで変わった。**あの手口学んだらどうかね。わーわー騒がないで。**

文字どおりに受けとれば、耳を疑う暴言でしょう。何百万人もの大虐殺を犯し、ヨーロッパ、ひいては全世界を未曾有の戦禍に巻きこんだ、史上もっとも極悪なナチス政権の手口を学ぼうと、日本の元総理大臣で現役の副総理が豪語するなんて。泣きくずれるしかありません。

しかし、麻生副総理によると、この解釈はみなさんのたんなる誤解だそうです。

本人による再解釈

批判の嵐を受けて、麻生副総理は三日後、問題の発言についてコメントを読みあげました。

私の真意と異なり、**誤解を招いた**ことは遺憾である。

そして、正しい解釈を伝授しました。

私は、憲法改正については、落ち着いて議論することが極めて重要であると考えている。この点を強調する趣旨で、同研究会においては、**喧騒《けんそう》にまぎれて十分な国民的理解及び議論のないまま進んでしまった悪《あ》しき例として**、ナチス政権下のワイマール憲法に係《かか》る経緯をあげたところである。

つまり、問題の発言の「あの手口学んだらどうかね」というミソの部分は、「あの手口を悪しき例として教訓にしよう」という意味らしいですね。

受講生のみなさん、ご本人の解説どおり、すんなり読みとれましたか。

私なんか、体をくねくね捻ったり、逆立ちしたり、でんぐり返しをしてみたりしましたが、何回読んだって、なかなか「正しく」読みとれませんでした。「ワイマール憲法は、だれも気づかないうちにナチス憲法にすりかえられた。あの手口を学ぼう」と言っているのだと、どうがんばってみても「誤解」してしまうのです。

そこでやっと悟りました。日本語として厳密に解釈するからいけないのです。麻生副総理はそんなわずらわしい厳密さにとらわれないで、もっと自由で柔軟な境地に達しているにちがいありません。こんな境地でしょう。

おれがある言葉を使うと、おれが持たせたいと思う意味をぴったり表すのだ——それ以上でも、それ以下でもない。

（ルイス・キャロル著・岡田忠軒訳『鏡の国のアリス』）

そのことを頭に入れておいて、麻生副総理のコメントの続きを聞きましょう。

私がナチス及びワイマール憲法に係る経緯について、極めて否定的にとらえていることは、私の発言全体から明らかである。

日本語としてはちっとも明らかではありませんが、明らかであるかのように変幻自在に再解釈しているわけです。そして、こう締めくくりました。

ただし、この例示が、**誤解を招く**結果となったので、ナチス政権を例示としてあげたことは撤回したい。

（以上、二〇一三年八月一日）

とんでもない暴言だから撤回するわけではありません。誤解されたから撤回するのです。

本人による再解釈の徹底

翌日の記者会見で、麻生副総理は「あの手口学んだらどうかね」のほんとうの意味をあらためて

誤解を招く
結果となった
そんな言い訳
小学生だって
使わないよ……

説明しました。

ああいったものは悪しき例として我々は学ばなければいけないということを申し上げたんです。ワイマール憲法、ナチスというところが非常に問題、例としては不適切だというお話だったので（中略）そこを取り下げる。

しかし、麻生さんという政治家は負けずぎらいなキャラで、ここで突然開き直りはじめました。

ワイマール憲法、ヒトラーのところを取り下げるということを申し上げたので、憲法改正というのは落ち着いた中で、静かな中で考えるべきだということに関して**撤回するつもりはありません。**

「憲法改正は落ち着いた中で、静かな中で考えるべきだと言うなんて、けしからん！　撤回しろ！」と批判する声はそもそもあったわけではないから、独り相撲をとっていると言わざるをえません。撤回の範囲、ひいては自分の責任をせばめようという魂胆でしょう。しかも、問題の発言を「憲法改正は落ち着いた中で、静かな中で考えるべきだ」と解釈するのは、日本語としてはやはり無理。麻生副総理は自己暗示にかかったのか、いつのまにか自分の再解釈をすっかり信じこんでいるようです。少なくとも、信じているフリはしています。

この記者会見でも、やはり「誤解」をくり返しました。

ナチス政権の例示を挙げたということに関しては**誤解**を与えることになったと思いますので撤回をすると申し上げた（中略）。例として挙げたことが**誤解**を招くということになった点は撤回しますということを申し上げたので、**真意は十分に御理解いただけているものだ**と思っています。（中略）私がナチス政権を例を引いたということに関し**誤解**を招いたということに関して、私としては甚だ遺憾だと思いますし、同時にその点に問題が起きたというんですから、ナチスの政権を例示として挙げたことを撤回する。

そして、締めくくりに、粘り強く追及していた女性記者にパワハラ丸出しで攻め寄りました。

正しく理解した？　日本語を正確に理解してよ。

（以上、二〇一三年八月二日、記者会見にて）

みなさんはどうですか？　麻生さんの政界特有の日本語を正しく理解できましたか？

▼総合的鑑賞

以上のふたつのケースが示すのは、政界における「誤解」のもっとも典型的な用法です。自分の不適切な発言が騒ぎを引き起こした場合、政治家のみなさんは「誤解」されたと弁明する習性があります。そして、ほんとうはぜんぜん違うことを言いたかったんだと、発言を創造的に再解釈します。ただ、その再解釈は、国語的にはおもしろいぐらい苦しいです。そのようにとらえた人は、本人以外におそらくひとりもいないでしょう。本人だって、内心ではみずからの再解釈をほんとうに信じているのか、かなり疑問です。

でも、「公人にふさわしくない発言でした」とすなおに言えば、公人にふさわしくない発想の持ち主だと、そのまま認めちゃうことになります。そこで「すべて誤解です」ととりつくろい、ダメージを最小限にとどめようとするのです。うまくいけば、「誤解」を招いた責任だけをとって、より重い責任を逃れることができます。自発的な減刑措置みたいなものでしょう。

さらに、「誤解」だと言い張ることによって、「誤解」している側にも責任の一端をなすりつけることができます。受講生のみなさんをはじめ、国民のみなさんのことですね。だって、誤解を招いた側はたしかに悪いけど、誤って解している側だって、やはり悪いでしょう。なにしろ、なかなか「理解」してくれない日本国民なのだから。

▼「誤解」のその他の用例

「誤解」のほかの用例をダイジェスト的に見ていきましょう。

文例1

提供者：安倍内閣の石原伸晃《いしはらのぶてる》環境大臣。

文脈：福島第一原発事故の除染作業で出た汚染土壌の中間貯蔵施設の受け入れ問題で、地元との調整について記者に聞かれて。

「誤解」された発言：

最後は金目でしょ。（二〇一四年六月十六日）

釈明と再解釈：

発言の趣旨は、（中略）**最後は、用地の補償額や、生活再建策・地域振興策の規模を示すということ、金額を示すということが重要な課題になる**ということを申し上げたものでございます。**誤解を招いたことについては心からお詫びを申し上げたいと思います。**（二〇一四年六月十七日、記者会見にて）

鑑賞：

「最後は金目でしょ」という露骨な言葉を「用地の補償額」「生活再建策」「地域振興策」など、文体がまるで違うお役所言葉に訳しているところに注意しましょう。「金額を示すということが重要な課題になる」というのが、とくに巧妙な言いかえです。

つい乱暴な言葉を使って「誤解」を招いてしまったとき、この文型はいろいろ応用が効きそう。たとえば……

「黙って聞け！」→「継続的な傾聴活動の徹底が重要な課題になるということを申し上げたものでございます」

「ふざけるなテメー！」→「各自が過度の遊戯・遊興等《とう》の自粛を図ることが重要な課題になるということを申し上げたものでございます」

「バカじゃないの？」→「知的能力のいっそうの育成強化が重要な課題になるということを申し上げたものでございます」

文例2

提供者：安倍内閣の丸川珠代《まるかわたまよ》環境大臣。

文脈：福島第一原発事故に汚染された地域の除染目標が「年間二十から百ミリシーベルト」のあいだではなく、より厳しい「一ミリシーベルト」に設定されたことについて。

「誤解」された発言：

そのいちばん低い二十ミリシーベルトにあうように除染しましょうねといっても、反放射能派というとへんですけれども、どれだけ下げても心配だという人は世の中にいるんですよ。そういう人たちがわあわあわあわあ騒いだ中で、何の科学的根拠もなく、そのときの細野さんという環境大臣が一ミリシーベルトまで下げますって急に言ったのです、だれにも相談をしないで、何の根拠もなく。

（二〇一六年二月七日、講演にて）

釈明と再解釈（長いので、深呼吸をしてから読んでください）：

私の発言の趣旨は、**がん発生率の増加について百ミリシーベルト以下では科学的には確認されていないけれども、放射線量における千ミリシーベルトあたりのがん発生率が増加するリスクと同じ割**

合で、がん発生率が増加するリスクがあるということについて、ICRP★が放射線防護上に想定しているということについて申し上げたもので、この点について**誤解を招いたとしたら**大変申し訳なく思っております。（二〇一六年二月十二日、記者会見にて）

★＝国際放射線防護委員会。どうでもいいことですが、事務局は私の国・カナダの首都、オタワにあります。

鑑賞：

みずからの失言の再解釈の可能な幅がいかに広いかを示す好例。もとの発言の内容からあまりにもかけ離れていて、違う発言の趣旨を説明したものじゃないかと、一瞬とまどうぐらいです。しかし、そうではありません。科学的知見やら国際機関の想定やらと強引に結びつけることによって、もとの発言をみごとにつくりかえているのです。

「誤解を招いた」などと断言していないことにも注目しましょう。「誤解を招いたとしたら」と仮定法を使っているのです。いわゆる「誤解」をしていない人がひとりでもいるとでも本気で思っているのでしょうか。

さらにひと言：

「反放射能派」という独創的な造語も、この読本の性質上、黙って見過ごすわけにはいかないでしょう。そんな勢力があったんですね。釈明の記者会見で丸川大臣はこのように解説しています。

プロ放射能、アンチ放射能というと、放射能というより低線量被ばくの方が的確なのですけれども、というお立場の方がおられるということを認識として持ってまいりましたので、自分の

中の、頭の構造の中で出た言葉でございます。

ご丁寧にも、きちんと定義づけまでしています。「プロ放射能」＝「プロ低線量被ばくの方」とは「低線量被ばくについて大変前向きな方たち」、つまり「まさに低線量被ばくはむしろ体に良いというようなお考えを持った方」だそうです。一方、「アンチ放射能」＝「アンチ低線量被ばくの方」とは「まさに、低線量被ばくは体に良くないという考えの方」だそうです。「プロ放射能派」と「アンチ放射能派」。みなさんはどっちですか？

そういえば、丸川大臣はどっちなんでしょう？

文例3

提供者：元・地方創生担当大臣の山本幸三《やまもとこうぞう》自民党衆院議員。

文脈：仲間の議員が長年続けるアフリカとの交流に関連して。

「誤解」された発言：

なんであんな黒いのが好きなんだ。（二〇一七年十一月二十三日、セミナーの挨拶にて）

釈明と再解釈：

アフリカ大陸のことを表現した。差別的なことを意図しているわけではない。表現が**誤解を招く**ということであれば撤回したい。（二〇一七年一一月二十五日、取材に対して）

鑑賞：
「アフリカが『黒い大陸』とよばれていたことを念頭にとっさに出た言葉だった」とも弁明したと報道されています。つまり、「あんな黒いの」というのは「あんな黒い大陸」という意味だ、ということになります。そんな「の」の使い方は日本語にあったっけ？　ああ、そうだ。政界語はもっと緩やかだったんですね。

文例4

提供者：静岡県の川勝平太《かわかつへいた》知事。
文脈：参議院補欠選挙の応援演説で。応援した候補の対抗馬は静岡県御殿場《ごてんば》市の前市長でしたが、その御殿場について。
「誤解」された発言：
あちらはコシヒカリしかない！　だから飯だけ食って、それで農業だと思っている！（二〇二一年十月二十三日）
釈明と再解釈（これも長いので、やはり深呼吸をしてから読んでください）：
私の発言が**たいへんな大きな誤解を生んでいる**と（中略）したがって、**正しくそれを県民のみなさま方に説明するのがよい**というアドバイスを頂戴いたしました。（中略）（対立候補の御殿場前市長は）**ご飯があれば何もいらないということをくり返し言っておられました。** これは御殿場コシヒカリというすばらしい農業芸術品が御殿場にあるということを、市長さん、事あるごとに、機会のあるごとに喧伝されていたということでございますが、**これを逆手にとりまして、御殿場にはコシヒカリしかない**というふうに言って、それが御殿場に対して揶揄《やゆ》したようにとられたというのは違います。（中略）**御殿場にコシヒカリしかないというようなイメージを広められた方の主張では、**静岡県（中略）のとうてい代表になれる方ではないということで、**自民党候補を難詰するために、**三分間のあいだにそんな発言をしたと、こういうわけでございます。（中略）**誤解を生んだ私にその責任があると、しかし、火のないところに煙は立ちません。**この発言の前提にあったのは、**御殿場コシヒカリを自慢がしたいがために、それを御殿場へ、コシヒカリつまりご飯だけがあれば、何かおしんこがあれば何もいらないと言われた、これを逆手に取ったということでございまして、**選挙中の論戦であったということを**ぜひお踏まえいただきまして、ご理解たまわりたいということでございます。**（二〇二一年十一月九日、緊急記者会見にて）

鑑賞：

とても野心的な再解釈。「あちらはコシヒカリしかない！」と言ったのは御殿場を揶揄したものではないと否定しただけではありません。おまけに、御殿場に「コシヒカリしかない！」というイメージを広めたのは、ほかでもない対立候補の御殿場前市長だと強弁するのです。誤解を生んだ責任を認めながら、「火のないところに煙は立ちません」とはあっぱれです。自分の発した問題発言の責任をそのまま政敵に丸投げするなんて、その大胆さに感心します。努力賞を上げましょう。

しかし、これはあまりにも壮大なこじつけで、失敗に終わりました。弁明の効果なく、県議会で辞職勧告決議が可決されちゃったのです。そこで川勝知事は、生まれかわった人間になろうと、なんと富士山に誓いました。この男はやっぱり、スケールが違いますね。

応用

江戸町奉行として名を馳せた遠山の金さんのあまりにも有名な決め台詞がありますね。

この桜吹雪、散らせるもんなら散らしてみろい。

とにかくかっこいいです。私なんか、聞くたんびに痺《しび》れます。でも、物騒だといえば物騒でしょう。もし、閣僚でも国会や記者会見や遊説先で突然このように啖呵《たんか》を切ったら、やはりマスコミや野党は大騒ぎをするにちがいありません。そこで、どう釈明するのでしょうか。言葉がとりちがえられたとこじつけて、こんな苦しい言い訳をするでしょう。

私の先日の発言はけっして暴力を扇動する趣旨のものではなく、あくまで本市の環境美化政策を担当する者として、街路樹の適切な剪定《せんてい》・摘花《てきか》作業の重要性を力説したものであります。私が反社会的な暴力行為について、きわめて否定的にとらえていることは、私の発言全体から明らかでございます。ただし、行き過ぎた表現であり、誤解を招く結果となりましたので、撤回をしたいと思います。

練習問題

では、練習問題です。

歴史的人物や伝説上の人物の名言のなかで、現在の日本の政治家が不用意に口にしたら、まちがいなく物議を醸すものはほかにもたくさんあります。以下の選択肢（イ）〜（へ）はそんな名言です。それに続く問題文**1**〜**4**は、そのうちの四つについて、「誤解された」という趣旨の苦しい弁明として想定される政界語です。

それぞれ弁明の対象になっている名言を選択肢のなかから選びなさい。ただし、よぶんな選択肢がふたつふくまれています。

ヒントとして、もとの名言の趣旨を政界語で言いなおした（というより歪曲した）部分は太字で表示してあります。

選択肢

（イ）不自由を常と思えば不足なし［徳川家康］

（ロ）助さん、格さん、懲らしめてやりなさい［水戸黄門］

（ハ）ケーキを食べればいいじゃない［マリー・アントワネット］

（ニ）平家にあらずんば人にあらず［平時忠《たいらのときただ》］

（ホ）朕《ちん》は国家なり［ルイ十四世］

（へ）へやりましょう、やりましょう、これから鬼の征伐に、ついていくならやりましょう［桃太郎］

問題文

1

私の発言は行政のトップとして国家・国民に対する揺るぎない責任感・使命感、および強いリーダーシップを発揮する決意を申し上げたものでございます。**国の行政の私物化**をねらったものであるという批判は当たりません。しかし、誤解を招きかねない発言であったため、撤回し、おわび申し上げます。

2

報道された私の発言、表現が十分でなかったと、このように反省をしております。表現自体、たいへん、生活困窮世帯のみなさまに誤解を与える表現であったというふうに、真摯に反省をし、この表現を撤回させていただき、深く陳謝を申し上げるところでございます。生活困窮者の方々が**菓子類をふくむ充実した食生活**ができるように、食料支援策等《とう》、強力に進めていくということを申し上げたかったわけでございまして、そういうふうに反省をしながら、陳謝申し上げたいと思います。

3

外遊中の私の発言についてひと言申し上げます。**贈賄の申し出**ではもちろんなく、**敵基地攻撃能力の即時行使**を主張したものでもありません。私の真意としては、当事者の**食糧支援**の要求への対応を積極的に検討することにより、紛争の平和的解決に努めることが重要である、という思いから発言させていただきました。しかしながら、当日の発言につきましては、言いすぎの部分があり、誤解を招きかねない不穏当なものであったと深く反省しており、発言の撤回とおわびを申し上げたいと思います。

4

私は国民に**我慢を強《し》いよう**なんて、いちども思ったことはございません。私の発言の趣旨は、自助、共助、公助について申し上げたもので、この点について誤解を招いたとしたら、申し訳なく思っております。（辞めるつもりはないかと記者に問われて）やはりしっかりと緊張感をもって、そして、誠実に職務を遂行してまいりたいと考えております。

解答

1（ホ）　2（ハ）　3（ヘ）　4（イ）

★＝（かならずお読みください）「ケーキを食べればいいじゃない」はじっさいにはマリー・アントワネットの言葉ではないとか、ほんとうの水戸黄門は「助さん、格さん、懲らしめてやりなさい」と言ったはずがないとか、めんどくさい反論はいっさい受け付けません。この点についてご理解をいただけない受講生は減点となりますので、ご注意ください。

レッスン3　その他の日常語の特殊用法

「受け止める」や「理解」や「誤解」だけではありません。ほかにも、ごくふつうの言葉でありながら、政界では使い方が微妙にずれているものがあります。本レッスンでは、そんなひねくれた用法をいくつか学習しましょう。

▼「ご心配をかけた」の特殊用法

「だれそれに心配をかけた」というごくふつうの日本語も、政界では特殊な用法があります。だれもちっとも「心配」していない文脈でも使うのです。じっさいの用例を見てみましょう。

背景

二〇一六年五月。東京都の舛添要一《ますぞえよういち》知事は、都民のみなさんは自分のことをよっぽど心配してくれているのだと思っていたらしく、こうくり返しました。

文例

それでは、私の政治資金に関しまして、様々なご指摘を受け、都民の皆様をはじめ、たくさんの方々に**ご心配**とご迷惑をおかけしていますことを心から深くお詫び申し上げたいと思います。

（中略）本当に都民の皆様方に、今回の件でご迷惑、**ご心配をおかけしました**ことを重ねて心からお詫び申し上げたいと思います。（中略）大変厳しいご指摘をいただいておりまして、都民の皆様方に**ご心配**、そしてご迷惑をかけていること、改めまして心からお詫び申し上げます。（中略）何度も申し上げますけれども、本当に都民の皆様に**ご心配**とご迷惑をおかけしていることを深くお詫びを申し上げたいと思います。（中略）たくさんの皆さん方の**ご心配**をおかけして、また、厳しい批判をいただいていますので、これは真摯に反省をしたいと思っております。（中略）今回、本当に多くの皆様に**ご心配をかけています**。

（二〇一六年五月二十日、記者会見にて）

解説

この一連の発言をふつうの日本語としてすなおに解釈すると、舛添知事は、つぎのような会話が都内の平均的な家庭で交わされているとでも妄想していたことになるでしょう。

お父さん（スポーツ新聞をめくりながら）おい、お母さん！　心配させたくないけど、要一くんはたいへんみたいだよ。

お母さん（スレンダーシェイパーをあわてて止めて）ええ、どうしたの？　心配だわ。

お父さん　そりゃ、心配だよ。今日の新聞で要一くんの政治資金の使い方についていろいろ書かれてるよ。海外出張ですごい贅沢《ぜいたく》をして、一泊十九万八千円のスイートルームに泊まったとか。

お母さん　まあ、都知事さまだからね。お父さんみたいにそこらへんのおじさんじゃあるまいし。
お父さん　聞いてよ、お母さん。公用車で計四十九回、湯河原の別荘に通ったとか。家族四人で泊まった宿泊代三十七万円を「会議費用」として政治資金報告書に記載したとか。ええと、ヤフオクで——何それ？——美術品百六点を政治資金で購入したとか。おい、要一、そんな汚いこと、まさかやってないよな。人に心配かけてひどいじゃねーか。しっかりしろよ、おまえ。
お母さん　このまえの直樹★くんみたいに辞めさせられなきゃいいけど。心配だから、ちょっと横になるね。
お父さん　（頭を抱えて）だいじょうぶかよ、要一。心配でお茶がのどを通らねー。

★＝舛添さんの前任者の猪瀬直樹《いのせなおき》さん。二〇一三年、政治資金問題で都知事を辞任。ところで、お母さんの心配がドンピシャで、要一くんもやっぱり都知事を辞めさせられちゃいました。

じっさいには、こんな会話が交わされたはずがないし、舛添知事だってそう思いこんだわけでもないでしょう。

つまり、ここでいう「ご心配をかけた」を額面どおりに解釈するのは誤りです。舛添知事の数々の政治資金問題のニュースに接して、「心配」した一般都民はひとりもいないのでは？　都民のじっさいの気持ちにあわせて知事の発言の冒頭部分を修正すると、こんな感じになるでしょう。

ご心配をかけた

それでは、私の政治資金に関しまして、様々なご指摘を受け、都民の皆様をはじめ、たくさんの方々のご不興を買うばかりか、唖然《あぜん》とさせてしまったことと、ご迷惑をおかけしていますことを心から深くお詫び申し上げたいと思います。

はっきりそうは言いたくないから、ほんらい意味のまったく違う「ご心配をかけた」という言いまわしを引っぱりだしてくるわけです。政界語では、「ご心配をかけた」は不祥事や疑惑で人びとをあきれさせちゃったことを明言するのを避けるための婉曲表現なのです。

また、もうひとつの解釈も同時に可能です。「ご心配」を連発しているのは、自分の気持ちを他人に投影しているのでしょう。なにしろ、いちばん心配しているのがご本人にちがいないのだから。特捜部がそろそろ動きだすんじゃないだろうかとか。

▼「ご心配をかけた」の想定内容

政治家のみなさんが「ご心配をかけた」と言っても、言われている側は最初からぜんぜん心配していなくて、まったく違う感情をいだいているわけです。でも、本講座はちょっと意地悪なところがあるので、想像をたくましくしましょう。じっさいに心配していると想定してみるのです。いったい何を心配しているというのか？

ほかの用例に沿って考えてみましょう。

参考文例1

提供者：鳩山由紀夫総理。

文脈：二〇一〇年一月。当時の与党・民主党の小沢一郎《おざわいちろう》幹事長の元秘書らが逮捕されちゃいました。それを受けてのコメント。

文例：

驚くと同時に、国民に**ご心配**、ご迷惑をかけていることは、心から遺憾の意を表明したいと思っています。（二〇一〇年一月十六日、小沢幹事長との会談後）

「ご心配」の想定内容：

じゃ、国民はいったい何を心配しているというのか？　一月だし、留置場は寒くないかとか？　身内が御用になって、小沢さんも鳩山さんもさぞショックを受けているだろう、お気の毒だとか？　小沢さんは世にもまれなクリーンな政治家だし、まさかその元秘書がいけないことをやっていないよねとか？　みなさんも考えてみてくださいね。

参考文例2

提供者：安倍内閣の甘利《あまり》明《あきら》経済再生担当大臣。

文脈：二〇一六年一月。週刊誌で報道された、みずからの口利き金銭授受疑惑について。

文例：

今般の私をめぐる週刊誌報道によって、国民の皆様に**御心配をおかけしました**ことについてお詫びを申し上げますとともに、国民の皆様に対しても多大な御迷惑をおかけしたことをお詫び申し上げます。（二〇一六年一月二十八日、記者会見にて）

そして、辞任する意向だと発表しました。疑惑の責任をとって、ではなく、秘書に対する監督責任をとるかたちで。

「ご心配」の想定内容：

さて、国民はいったい何を心配しているというのか？　甘利大臣は潔白なのにとんだとばっちりを受けた、あまりといえばあまりだとか？　甘い汁を吸っていないよねとか？

いや、どうせ甘利さんのことを心配してあげるんだったら、心配するだけの価値があることで心配しませんか。

この事件の二年ほどまえ、甘利さんは舌癌《ぜつがん》と診断されました。政治的な立場を超えて、多くの国民がそれこそ「心配」したんじゃないでしょうか。国民ではない私まで心配したほどです。多くの「心配」が功を奏して、甘利さんはみごとに人類共通の敵に勝ってくれました。

参考文例3a

つぎはペアルックの参考文例。

提供者：アイドルグループSPEEDの元メンバーで自民党参院議員の今井絵理子《いまいえりこ》さん。

文脈：二〇一七年七月。既婚の地方議員との「略奪不倫」を週刊誌に報道されたことを受けて、コメントを発表。文例はコメントの冒頭部分。

文例：

この度は、心から応援してくださっている皆さまには、私の軽率な行動により多大なるご迷惑と**ご心配をおかけした**ことに対しまして、深くお詫び申し上げます。（二〇一七年七月二十七日、書面にて）

参考文例3b

提供者：お相手と報道された橋本健《はしもとけん》神戸市議。

文脈：同不倫疑惑について、記者会見で。

文例：

一連の記事に関しまして、たいへん多くの方々にご迷惑と**ご心配**とご負担をおかけしましたことをまず最初にお詫びをさせていただきたいと思います。申し訳ございませんでした。（二〇一七年七月二十七日、記者会見にて）

「**ご心配**」**の想定内容**：

さて、「心から応援してくださっている皆さま」や「たいへん多くの方々」がいったい何を心配しているのか、おふたりは言っているのでしょうか？ 私はたいへんうぶな人間で、まったく思いもつきませんので、世慣れた受講生のみなさんのご想像にお任せすることにします。ただ、本人たちは一線を越えていないとか口をそろえて主張していますから、そのあたりのことを言っているんでしょうかね。そんなのって、こっちが心配することなの？

▼「申し訳ない」の特殊用法

橋本市議は「申し訳ございませんでした」とわびていますね。じつは、この「申し訳ない」という日常的に聞かれるフレーズも、政界語では、政界ならではの独特の場面で使われることが多いです。

選挙で落選した直後。つぎのように。

背景

二〇二一年十月末日の衆議院選。多くの大物議員が長年守ってきた議席を失いました。そのうちのふたりの敗戦の弁に耳を傾けましょう。

文例

まずはじめに、多くの皆様にご支援や、そしてご投票をいただき、ご支持いただいたにもかかわらず、今回、当選することができなかったということをまず心からお詫びを申し上げたいと思います。**本当に申し訳ありませんでした。**

《大意》負けてごめんなさい。

（立憲民主党の副代表・辻元清美《つじもときよみ》前議員、二〇二一年十一月一日未明）

議員団の皆様、また後援会の皆様、また支援者の皆様、今回は私の力量不足ということでこのような結果を招いて致しまして（原文のママ）、**本当に申し訳ございませんでした。**

（自民党の石原伸晃前議員、二〇二一年十月三十一日夜）

《大意》負けてごめんなさい。

解説

みずからの落選を受けての「申し訳ない」は、政治家のいつものおざなりな「申し訳ない」とは違って、真心がこもっていると言えます。ただ、こめられている気持ちは「申し訳ない」がほんらい表す意味、「相手に悪かった」から微妙にずれています。本人たちの本心に沿って、文例を書きかえると、こうなるのでしょう。

まずはじめに、議員団の皆様、また後援会の皆様、また支援者の皆様、多くの皆様にご支援や、そしてご投票をいただき、ご支持いただいたにもかかわらず、今回は私の力量不足ということ

で、このような結果を招いて当選することができなかったということは**本当にくやしいかぎりです。**★

★＝紙面の都合上、辻元さんと石原さんを融合させることにしました。それこそ申し訳ない。

ところで、日本のスポーツ界でも、負けて「申し訳ない」と謝罪する文化があります。とくに印象に残るのは、リオデジャネイロ五輪で金メダルを逃したレスリングの吉田沙保里《よしださおり》選手のおわびの言葉です。

たくさんの方に応援していただいたのに、銀メダルで終わってしまって、申し訳ないです。

（二〇一六年八月十八日）

銀でも立派なのに、謝らないといけないなんて、とかわいそうに思った人は多かったにちがいありません。一方、落選して申し訳ながる政治家をかわいそうに思う人はあまりいないでしょう。むしろ、こう皮肉りたくなるのでは？

こちらこそ、先生に投票しなかったのは、本当に申し訳ありませんでした。

▼その場かぎりの特殊用法

「受け止める」や「理解」や「誤解」をはじめ、これまで見てきた身近な言葉の特殊用法はいずれも政界語で広く認められるものです。国会中継や大臣の記者会見などを見ると、運がよければ、どれかにめぐりあう可能性が高いです。

一方、ふつうの日本語が一般的な用法とは微妙に違う用法で臨時に、一回かぎり使われることもあります。政治家が言葉をくふうするのがいかにうまいかを端的に表すものなので、ついでにそういった用例もふたつ紹介しましょう。

文例1

自治体においては是非接種スピードの**最適化**をお願いしたいと思います。（中略）接種スピードが速い自治体においては、**最適化**に向けてお願いをしたいと思います。（中略）一気に手持ちのワクチンを打って、供給量まで在庫を落とすのか、緩やかに**最適化**するのかは自治体のご判断にお任せをしたいと思っております。

（菅《すが》政権の河野太郎《こうのたろう》ワクチン担当大臣、二〇二一年七月九日、記者会見にて）

解説

新型コロナウイルスが猛威をふるうなか、菅政権はワクチン接種を強力に推進し、それに呼応して、全国の自治体はどんどん住民にワクチンを打っていきました。でも、供給が限られていたので、接種のペースが速いと、ワクチンを使い切って、どこかでいっきにペースが下がってしまいます。そこで、河野大臣はワクチン担当大臣として、接種スピードの速い自治体には、スピードを落としてもらう必要がありました。

とはいえ、政治家ともあろう者が、ズバリ「接種スピードを落としていただきたい」などと言うはずがありません。平凡な政治家なら、官僚たちのお気に入りの言葉を拝借して、「接種スピードの調整をお願いしたい」とはぐらかすのかもしれません。しかし、そこは河野大臣。そんな陳腐な用語では飽き足りなかったのでしょう。そこで、「最適化」というやたら聞こえのいい言葉を臨時に流用して、「接種スピードの最適化をお願いしたい」と言ったわけです。

「最適化」は嚙《か》みくだいていうと、「できるだけよくする」というのがほんらいの意味です。表面的には、河野大臣が「接種スピードをできるだけよくしてほしい」と言っていることになります。でも、コロナのつぎの波が差し迫るなか、できるだけいい接種スピードはできるだけ速い接種スピードに決まっているでしょう。なのに、大臣の発言はスピードを上げるどころか、抑えようという趣旨でした。「速すぎると困るから、適当に接種スピードを落としてね」。そんな意味合いを「最適化」にこめているのです。

「最適化」という言葉の視点に立つと、こんな意味で使われるのはまったくの新天地でしょう。

応用

河野大臣が発明した「最適化」の新用法は、ほかの場面でも役に立ちそうです。

値段を引き上げるさい、よく「商品価格を改定させていただきます」などとお茶を濁しますね。さらに濁すことができます。

商品価格を最適化させて**いただきます。**

また、韓流スターの推し活や、ばえるカフェめぐりなどでお忙しい毎日の奥さまが旦那さんにカップラーメンとかレトルトカレーしか用意できなかったとしましょう。「まともなメシつくれ！」と怒られたら、こう切りかえしてみてください。

あなたの夕飯の最適化を図ったまでよ。

だって、奥さまが自分の夕飯をつくるために生まれてきたと思いこんでいる男なんて、最適化の対象になるのは当然でしょ。

文例2

私は、幅広く**募っている**という認識でございまして、**募集している**という認識ではなかったのであります。

（安倍晋三総理大臣、二〇二〇年一月二十八日、衆議院にて）

解説

「桜を見る会」をめぐる安倍総理の名答弁。「桜を見る会」が税金で賄《まかな》われているのに、総理の後援会関係者がたくさん招待されていたことが判明し、大きな問題になりました。総理は自分の事務所が参加者を「募集」していることをいつから知ったかと国会で聞かれて、文例のように答えたわけです。

この答弁を受けて、質問した野党議員は一瞬、国語の先生に変身しました。

私、もう日本語を今まで四十八年間使ってまいりましたけれども、**募るというのは募集するというのと同じ**ですよ。募集の募《ぼ》は募るという字なんですよ。

（共産党の宮本徹《みやもととおる》衆議院議員）

たしかに同じでしょう。少なくとも、みなさんが聞きなれているふつうの日本語では。『広辞苑』で「募る」を調べると、「募集する」とあるし、「募集」を調べると、「つのりあつめること」とあります。

日本語には、「募る」と「募集する」のようなペアがたくさんあります。たとえば……

「飛ぶ」と「飛行する」、「叱る」と「叱責する」、「買う」と「買収する」

ペアのどちらも基本的に同じ意味です。もちろん、文脈によっては意味が違う場合もたまにはあります。

政府の相次ぐ不祥事には国民の怒りが募っている。

とは言うけど、こうは言いません。

政府の相次ぐ不祥事には国民の怒りが**募集している。**

また、

首相は経済界に**買われている。**

と、

首相は経済界に**買収されている。**

とはまったく意味が違います（買収に応じた結果、買われているというシナリオもありうるでしょうが★）。

しかし、こういった用法は二次的で、それぞれのペアの基本的な意味は同じと考えていいでしょう。参加者を「募る」と参加者を「募集する」とは、まったく同じ意味です。

というか、かつて同じ意味でした。安倍総理の日本語史上画期的な答弁までは。総理は「募る」と「募集する」を区別する特殊用法を急遽《きゅうきょ》、議場で発明したのです。その使い分けをこう解説しました。

いわば、それ（桜を見る会への参加）にふさわしい方《かた》ということで募っているというような認識があったわけでございまして、例えば、新聞等《とう》に広告を出して、どうぞということではないんだろう、こう思うわけでございます。

（安倍晋三総理大臣、二〇二〇年一月二十八日、衆議院にて）

新聞等《とう》に広告を出さないかぎり、「募集」にはならない。ということは、安倍さんの言語感覚では、「彼女募集中」はダメで、「彼女募り中」とでも言わなければならない。そんなことになるのでしょうか。笑談だけど、笑えない話ですね。

★＝これらの例文はフィクションであり、実在する人物、団体等とはいっさい関係ありません。なんちゃって。

応用

翌日、別の野党議員が安倍総理の急ごしらえの使い分けをとりあげて、応用してみせました。その応用例を拝借しましょう。

昨日、総理は、募っているのであって募集しているのではないと、あたかも**頭は痛いけど頭痛ではない**かのような、そんな答弁されました。

（立憲民主党の石垣《いしがき》のりこ参議院議員、二〇二〇年一月二十九日、参議院にて）

受講生のみなさんもこれに負けず、応用の練習問題に挑戦してください。問題に挑戦する自信のない方は、問いに挑むだけでけっこうです。

練習問題

穴埋め問題です。安倍総理の文例にならい、空所を埋めて、ほんらい同じ意味のふたつの単語を無理矢理に使い分けなさい。

《例》

私は、幅広く［　　］という認識でございまして、**募集している**という認識ではなかったのであります。

正解は「**募っている**」ですね。

それでは、本番です。

《問題》

1　やきもち焼くなよ。彼女と恋愛しているわけじゃない。［　　］をしているだけだ。

2　勝つことではなく、［　　］することに意義がある。

3　ブツはたしかに［　　］けど、窃盗をした覚えはない。

4　「敵前逃亡なんて卑怯だ！」「逃亡していない。［　　］だけだ」

5　私は、世にもまれな答えをしているという認識でございまして、珍［　　］をしているという認識ではなかったのであります。

解答

1 恋　**2** 勝利　**3** 盗んだ　**4** 逃げた
5 答弁（「回答」も可）

第2部

政界語の文法的特徴

総論

みなさんはうっすら感づいているかもしれませんが、私はそうとうの変人です。大学時代、経営学や国際関係学や情報学みたいな常識的なものを勉強しないで、古代ギリシア語とラテン語という、何の役にも立たない数千年前の死語を専攻しました。その文法はみなさんが学校で習う英文法よりもはるかに凝っていて、毎日、関係代名詞や不規則動詞や比較級や絶対奪格《ぜったいだっかく》★の嵐でした。あのころは楽しかったな！

古代ギリシア語とラテン語は活用がひじょうに複雑ですが、活用の多い言語は、単語をいろんな形に折り曲げるから、「屈折語《くっせつご》」といいます。

政界語にも、かなり屈折した文法があります（違う意味で）。永田町という特殊な環境に順応するために発達したものと思われますが、どういう文法か、いっしょに学習しましょう。

★＝試験に出ませんので、どういうものか気にしなくてけっこうです。

レッスン

4 人称の政治的に正しい使い分け

つぎの例文を読んでください。

①ほら、**おれ**って、こんなすばらしい人間でしょう……だからおれとつきあって。
②**おまえ**って、ほんとうにたわけ者も恐れ入るたわけ者だね。
③うちの犬のファン？　ああ、**あいつ**が拾うよ。

みなさんも昔、英語や国語の授業で人称について習ったかもしれませんが、①の「おれ」は話し手自身を指すので、一人称。②の「おまえ」は話し相手を指すので、二人称。③の「あいつ」は話し手と話し相手以外の人物を指すので、三人称。

どの言語にも人称があり、政界語も例外じゃありません。ただ、政界語の人称の使い方にはいくつかの興味深いパターンが認められます。しかも、なかには、内容的にも以上の三つの例文に不思議に通じるものもあります。

それが本レッスンのテーマです。

▼自己主張してこその一人称

くり返しになりますが、一人称は「ミー」「私」「私たち」など、話し手を指します。政界語では、話し手が自分について語る場合、どのような表現を使っているのでしょうか。そして一人称で、どういう自己評価をしているのでしょうか。

●――「**させていただきます**」言葉

その昔、江戸・吉原の遊女たちは「ありんす言葉」という特殊な日本語を使ったそうです。「あります」を「ありんす」と言ったのがその特徴で、当時は聞いただけで男心がくすぐられたにちがいありません。「あそばせ言葉」というのもあります。「ごめんあそばせ」など、「なさいませ」という意味で「あそばせ」という表現が多用される、ひじょうに丁寧な女性言葉で、ほとんどすたれてしまったようです。私は残念ながら、「ありんす言葉」はもちろん、「あそばせ言葉」をじっさいに使う女性に会ったことはありません。生まれる時代をまちがえました。

時は現代、丁寧な会話でますます幅をきかせているのは「**させていただきます**」**言葉**とでもいうべき一人称。政治家も好んで使います。

文例

キャリアも積んでまいりました。経験も積んでまいりました。この経験を生かして、政策としてみなさま方にご恩返しができるのは、杉並の候補のなかでは、私、石原伸晃、石原伸晃であると**自負をさせていただいております。**

（自民党の石原伸晃候補、二〇一二年十月十九日、衆議院選挙の街頭演説にて）

解説

「させていただく」は一種の丁寧な一人称の補助動詞として広く使われますが、くわしく分析すると、主語がふたつ組み合わさっていることがわかります。たとえばこの文例の場合、「いただく」のは「私、石原伸晃」ですが、「させる」のは「あなたたち」つまり杉並の有権者のみなさんです。勝手に自負しているのではない。みなさんが自負させてくれるから自負しているのだ。言外にそんな意味合いがこめられています。

「させていただく」は、相手の許しや「理解」を得て事をおこなうというニュアンスをもつわけです。相手に配慮してみせているというふくみがあるからこそ、たえず有権者という相手に（いちおう）配慮せざるをえない政治家たちも好んで使っているのでしょう。連中は四六時中、「ひとりひとりの声を丁寧に聞かせていただいたり」「説明をさせていただいたり」「嘘みたいなまじめな話をさせていただいたり」「撤回させていただいたり」「謙虚に受け止めさせていただいたり」「辞表を提出させていただいたり」していますよね。

残念ながら、石原候補は自負をさせてもらっているつもりでいたのに、有権者のほうは自負させた覚えはなかったようで、投票日に容赦なく落としてしまいました。その結果、すでに前レッスンで見たように、落選してこんどは「申し訳ない」と言わせていただく羽目になったわけです。

●――自画自賛の一人称

右の文例では、石原候補は手前味噌を並べていますね。キャリアも積んできたとか。経験も積んできたとか。みなさんに恩返しができるのは「私、石原伸晃、石原伸晃」だとか。それを「自負をさせていただいている」わけです。

政治家たちが自分や、自分の所属している政党の話をする場合は、だいたいこのような自慢話になってしまいます。自分はこんなにすばらしい仕事をやってきたんだ、わが党はこんなに国民のみなさんのためにがんばっているんだなど、そういう内容がメインです。これを**自画自賛の一人称**と名づけましょう。

自画自賛の一人称の使い方がとくにうまいのは、政界きっての自己PRのプロ集団、公明党です。そんなうぬぼれの達人たちのなかでも、第一人者ともいえる大物に、その用法を例示していただきましょう。

文例

日本という車そのものをコントロールしているのは自分たち公明党だって。

連立政権のなかで、この車の大きな車体やエンジンは自民党の役割かもしれない。しかし、アクセルやブレーキを適切に踏み分けて、ハンドルをしっかり握って右へぶれたり左へぶれたりしないようにする、そうやってバランスをとりながらこの車がまっすぐ進むことができるようにしているのは公明党がいるからです。

（公明党の山口那津男《やまぐちなつお》代表、二〇一九年七月二十日、参院選の街頭演説にて）

解説

山口代表はこれを「ある県の知事さん」の話として紹介していますが、やはり自分たち公明党の自慢話で、典型的な自画自賛の一人称です。

二〇一二年に第二次安倍政権が誕生して以来、公明党はよくこのように「ブレーキ役」を自任しています。巨大な連立相手の自民党が暴走して、文例にあるように「右へぶれ」ないように歯止めをかけているという意味らしいです（さすがに左へぶれることはないでしょう）。ただ、安保法制とか、集団的自衛権の部分的容認とか、安倍政権の看板政策に反対した多くの日本国民の目には、そのブレーキはまったく効かないように見えるにちがいありません。日本のブレーキメーカーがこぞって公明党本部に乗りこんで「メイドインジャパンに傷がつくじゃないか！」と抗議していないのが不思議なくらいです。

それにしても、公明党がブレーキだけじゃなくてアクセルも踏んでいて、ハンドルまで握っていたとは寡聞《かぶん》にして知りませんでした。自民党は図体のでかい動力源にすぎない、日本の運転席にどっしり座っているのは公明党という少数精鋭だったんですね。でも、どうしてもそうは見えません。むしろ窮屈そうに後部座席につめこまれていて、ときどきドライバーにこう頼む。

そろそろ定額給付金をばらまいて自分たちの存在をアピールしたいから、つぎの道の駅に寄ってくれる?

あえて車にたとえるなら、そんなイメージぐらいしか涌いてきません。

このように、自画自賛の一人称で語られる内容は、話者がほらを吹いている性質上、たいへん大げさで、眉に唾をつけながら聞く必要があります。つぎの文例はその最たるものでしょう。

文例

百点満点中一千点ぐらいですかね。（菅義偉内閣の河野太郎行政改革大臣、二〇二〇年十二月十五日、記者会見で、みずから進めてきた行革・規制改革の自己評価を聞かれて）

▼選挙必勝の二人称

二人称は話し相手、つまり「ユー」「あなた（たち）」を指しますが、政界語では、その話し相手が一般国民の場合、二人称の用法はとても単純です。票目当て専用といっても過言ではありません。

一例で十分でしょう。解説もいりません。

文例

勝たせてください！　働かせてください！　押し上げてください！　よろしく、よろしくお願い申し上げま～す！

（公明党の山口那津男代表、二〇一七年十月二日、衆院選の街頭演説にて）

▼他党こきおろしの二人称・三人称

国民に呼びかけるときにはこんな甘ったるい口調になるわけですが、政敵が話し相手の場合（二人称）や、政敵を話題にする場合（三人称）は、トーンががらっと変わります。容赦なく貶《けな》すのです。**他党こきおろしの二人称・三人称**ですね。自画自賛にほぼ特化した政界語の一人称と表裏一体をなします。

●――野党による与党のこきおろし

まず、野党が時の政権、とくに総理大臣を罵《ののし》るというパターンがあります。

文例

生活が苦しいと感じている世帯の割合、五四・四％、母子世帯では八六・七％、ここまで増えているんですよ、総理。この状態に、コロナの災害が来て、戦争まで起こり、そして日用品の物価が上がっているのに、消費税すら下げないおつもりですか。（牙をむいた真っ赤な鬼の面の写真パネル★を示して）**これから岸田総理のことは、総理ではなく鬼と呼ばせていただきますよ。**

（れいわ新選組の櫛渕《くしぶち》万里《まり》衆議院議員、二〇二二年五月二十七日、衆議院にて）

★＝このパネルには、鬼の面の写真とともに、「【鬼】おに　冷酷で　無慈悲な人。」と、丁寧にも定義まで大きな文字で付記してありました。

数日後、同じれいわ新選組の仲間の議員が、さらに攻撃をエスカレートさせました。

文例

この局面においても消費税減税しないと言う総理に対して、先週、我が党の櫛渕万里議員が、今後、総理ではなく鬼と呼ばせていただくと言いましたが、もう一度言わせていただきます。（例の牙をむいた真っ赤な鬼の面の写真パネルを示して）**この鬼！**（中略）この状況で、一〇％の消費税は今すぐゼロにするべき。何でさっさとやらないんですか。**国民、殺すつもりですか。**（中略）先ほど総理を鬼と呼ばせていただきましたが、もう一つ名前を差し上げます。（リードにつながっているちびワンちゃんの写真パネルを示して）**資本家の犬！　財務省の犬！**　でも、

〇〇省
ソーリ！
ソーリ！
グッボーイ
グッボーイ！
へへへへ…
資本家の犬！
鬼！
ワンワン！
ワンワン！

総理、飼い主を間違えたら駄目でしょう。総理の本来の飼い主は、国民でないと駄目じゃないですか。

（れいわ新選組の大石《おおいし》あきこ衆議院議員、二〇二二年六月一日、衆議院にて）

解説

おふたりの議員によるみごとな連携プレーですね。いずれの発言も時の総理大臣、岸田文雄さんに直接かけた言葉ですので、他党こきおろしの二人称と分類できます。大阪出身で関西弁のノリでしゃべる大石議員の啖呵《たんか》はとくに強烈で、委員長にこう注意されたぐらいです。

あのね、質問に当たりましては、用語の使い方には十分お気をつけください。

（根本《ねもと》匠《たくみ》予算委員会委員長、二〇二二年六月一日、衆議院にて）

でも、用語の使い方にはそれこそ十分気をつけているでしょう。その場の思いつきで「この鬼！」とか「資本家の犬！　財務省の犬！」とかぽろっと言っちゃったわけじゃなくて、厳選した蔑称《べっしょう》であることは明らかです。なにしろ、ダメ押しに「鬼」と「犬」の写真パネルまで用意してきているのですから。

見習いたい徹底ぶりですね。いやなやつを「バカヤロウ！」と罵ろうと思っているんだったら、あらかじめバカヤロウの写真素材も用意しておいたほうがよさそうです。

「国民、殺すつもりですか」も、総理大臣に向けられた言葉として衝撃的。形式的には二人称の疑問文ですが、実質的には痛烈なこきおろし文にほかなりません。岸田総理が国民を殺そうと思っているはずがない。消費税を支払ってもらうためにも、なんとか生かしておきたいでしょう。

●――与党による野党のこきおろし

このように、政権党が責められることは多いのですが、やられっぱなしというわけじゃありません。やられたら倍返しだ！

その模範を、野党にどんなにボロクソ言われても尻込みすることがなかった安倍晋三総理にお願いしましょう。

文例

わが党の敗北によって、**政治は安定を失い、そしてあの悪夢のような民主党政権**が誕生しました。（会場から拍手喝采）（中略）あの時代に、みなさん、もどすわけにはいかないんです！

（二〇一九年二月十日、自民党の党大会にて）

あの悪夢がふたたび舞いもどってくることがないように（参院選で）しっかりと勝ちぬいて政治の安定のもとに誇りある日本をつくっていきたい。

（二〇一九年五月九日、自民党二階《にかい》派の政治資金パーティーにて）

解説

安倍総理はことあるごとに「悪夢のような」というフレーズを「民主党政権」と結びつけました。ほとんど枕詞に仕立ててしまったのです。衣《ころも》といえば「白妙《しろたえ》の」、民主党政権といえば「悪夢のような」。当時政権の座から転げ落ちた自民党にとっては悪夢以外の何ものでもなかったにちがいありません。

もちろん、この否定的な枕詞を使ったのは、ただたんに過ぎ去った暗黒の時代を形容する適当な修飾語がほしかったからではありません。民主党の系譜をひく立憲民主党を中心とする野党を当てこすっていたのです。あの連中が政権をとったら、「悪夢」がふたたび舞いもどるぞとほのめかしています。かれらを「悪夢」と切り捨てるのは絶妙な他党こきおろしの三人称。

安倍総理はよくこのように民主党政権の失敗を蒸しかえしましたが、あの政権がお世辞にも善政の鑑《かがみ》だったとはいえないので、蒸しかえさない手はないでしょう。その意味では、民主党政権時代は自公にとって、野党をたたく材料を無尽蔵に提供してくれる、じつにありがたい歴史の一幕でした。

●――野党どうしのこきおろし

野党がほかの野党をこきおろすこともめずらしくありません。日本維新の会に至っては、考えが近い自公政権をたたくより、リベラル・左派の野党をたたいているほうがよっぽど楽しいと感じているようです。

文例
（共産党は）日本《にっぽん》（から）なくなったらええ政党ですよね。（中略）おっしゃっていることはこの世の中でありえない。（中略）立憲民主党さんいらっしゃっても、日本なんにもよくなりませんからね。
（日本維新の会の馬場伸幸《ばばのぶゆき》代表、二〇二三年七月二十三日、ネット番組にて）

解説
他者を完全否定するとはこういうことですね。文字どおり「この世から消えちまえ」と言っているのだから。ついでに共産党や立憲民主党の支持者まで日本からなくなったらええと思っているのでしょうか。

▼無責任三人称

政界語の三人称は、二人称とともに、よくこのように他党をこきおろすために使われるわけですが、もうひとつ特徴的な使い方があります。

無責任三人称です。

みずからや、みずからの所属する組織（党や内閣や日本国政府など）がほんらい責任を負わなければならない事柄の話をしているのに、まるで他人《ひと》ごとみたいに、主語を三人称にすりかえて責任逃れをはかる。無責任三人称とはそんな便利な文法です。

その応用例をかの「悪夢」の民主党政権・野田佳彦内閣の枝野幸男経済産業大臣にお願いしましょう。

文例

福島第一原発の事故の収束に向けてやらなければならないことについてしっかりとやっていく、このことについては、今統合本部、統合室をつくって、政府がしっかりとコミットした上でやらなければならないことをしっかりと……

（二〇一一年十二月八日、参議院にて）

さて、文例の途中で恐縮ですが、ここでいきなりクイズです。この発言の最後に何という日本語が入るでしょうか？

やらなければならないことをしっかりと「やっていきます」とか「やってます」ときてほしいのですが、この文章は文末寸前で変則軌道をたどります。

……東京電力にやらせています。

解説

やらなければならないことをしっかりと東京電力にやらせているというのは、東京電力がやる、ということなります。自分たち政府じゃなくて。みごとな主語のすりかえです。

まあ、そもそも福島の原発事故を起こしたのは東電なんだから、東電がその後始末をやるのも当然。単純に考えると、そう割り切ることもできるかもしれません。ただ、ここは日本だし、そんな単純な話じゃありません。

東電に重大な過失があったことにまちがいはないでしょう。でも、ある日突然、「そうだ！　原発をつくろう！」と一念発起して、勝手に建設したわけじゃありません。日本政府が長年進めてきた国策に沿って建設したのです。原子力を規制したのも日本政府でした。つまり原発事故が起きたのは、日本政府にもおおいに責任があることは明らかです。それなのに、一切合切は困ったちゃんの一民間企業のせいだと言わんばかりに、日本政府の原子力政策を担当している大臣は「東電がちゃんとやるはず」と言っています。

典型的な無責任三人称です。ほかの用例を見ていきましょう。

●――ケース1

背景

二〇二一年三月。自民党の二階俊博《にかいとしひろ》幹事長は、元法務大臣の河井克行被告が選挙買収の罪に問われていることを受けて、こんな教訓を導きだしました。

文例

これはもう議論の余地のないことですから、本人も大いに反省しているでありましょうが、党としても、こうしたことを**他山の石として**しっかり対応していかなくてはならないと思っております。（二〇二一年三月二十三日、記者会見にて）

解説

『広辞苑』によると、「他山の石」は「自分の人格を磨くのに役立つ他人のよくない言行や出来事」。でも、二階幹事長にとって河井被告は赤の他人どころか、前年に離党するまで同じ自民党の仲間でした。しかも、河井被告の選挙買収で参議院に当選した奥さん、河井案里《かわいあんり》さんが当選後入ったのは、ほかでもない二階派。おまけに、二階幹事長がトップを努める自民党本部から河合夫妻に合計一億五千万円もの選挙資金が提供されていました。河井被告が賄賂に使ったお金の原資ではという疑惑まであります。

けっこう仲がいいじゃん？

そんな仲間の河井被告を「他山の石」と形容するのは、まるで自分たち自民党と何の関係もないかのようにごまかす、無責任三人称ですね。これを他党こきおろしの三人称でみごとに迎え撃ったのが、共産党の小池晃《こいけあきら》書記局長。

ついに他人と自分の区別もつかなくなったのかと思いますね。「他山」ではなく、まぎれもない自分の山、「自山《じざん》」であると思います。

（二〇二一年三月二十三日、記者会見にて）

●――ケース2

背景

二〇二一年八月。東京都が新型コロナウイルスの若者向けワクチン接種会場を設置しましたが、初日はごった返していて、多くの来場者が接種を受けられませんでした。都のトップとしてこれについて聞かれた小池百合子知事は突然評論家に変身しました。

文例

密でしたよね。はい。くふうしてほしいですね、はい、現場で。

（二〇二一年八月二十七日、ぶら下がりにて）

解説

くふうするのは自分じゃなくて現場（＝三人称）。究極の現場主義とでもいうべきでしょうか？

●——ケース3

背景

政治家と旧統一教会との癒着が大きな問題になっていた二〇二二年八月。岸田内閣の山際大志郎《やまぎわだいしろう》経済再生大臣は、数年前、旧統一教会の関連団体が都内やネパールで主催したイベントに出席していたことが判明したことについて聞かれて、このように自分を客観化しました。

文例

私自身も、少し前ということもあって明確に覚えていない（中略）、しかし、その報道に出ているものを見る限り、**私が出席したと考えるのが自然だと思います。**

（二〇二二年八月二十五日、記者会見にて）

解説

ちょっと不思議な無責任三人称。「私が出席した」と、一瞬、一人称に見えますが、「と考えるのが自然だ」と続きます。まるで「私」という名の第三者の話をしているかのように。旧統一教会との接点についての苦しい弁明の数々がお笑いのボケかと思えるぐらいおもしろくて、山際大臣はついに辞任に追いこまれましたが、支援者にはこう報告したのでしょうか？

報道によりますと、私は本日、大臣を辞めたそうです。ご心配をおかけして申し訳ないとのことです。

こぼれ話

いつから広まったのか、ときどきこんな言い方を耳にします。

へんな日本語を聞くと、イライラする**自分がいます**。

みずからをあたかも第三者のようにとらえているという点では、政界語の無責任三人称に通じるところがあります。では、政治家のみなさんがこの言いまわしを使ったら、どういう表現が生まれるのでしょうか。たとえば山際大臣ご提供の文例はこのようになるかもしれません。

出席した**自分がいた**と考えるのが自然だと思います。

出席した自分がはっきりと写真に写っているわけですから。

また、裏金をもらっちゃった疑いで追及されているという、政界でよくある状況で考えましょう。嘘をついてまで金銭の授受を否定するのも気がとがめたら、このように答えることができるかもしれません。

お金を受けとった自分はたしかにいました。

お金を受けとった自分だけが逮捕されて、こう答えた自分が自由の身のままだったらまことに便利でしょうが、言葉にはさすがにそこまでの力はありません。

▼主語のぶれ

政界語の一人称・二人称・三人称を順次見てきましたが、最後に、人称に関する興味深い文法をもうひとつ勉強しましょう。同じ事柄でも、為政者たちが自分たちの都合により一人称で語ったり、三人称で語ったりする、「主語のぶれ」とでもいうべき奇妙な現象です。

この文法がさかんに使われたのは東京五輪の開催をめぐる論争の前後でした。

二〇二一年の前半。コロナの勢いが増すなか、いったん延期されたオリパラを予定どおり夏に開催すべきか、再延期すべきか、中止すべきか、政界や言論界で激しい議論が交わされました。これはたしかに難題でした。どの選択肢も問題だらけで、高度の政治判断、というより賢者の知恵が求められました。

一方、政府のエラい人たちはというと、開催の問題について聞かれるとこんなことばっかりくりかえしました。

文例

私自身は主催者ではありません。

（菅義偉総理、二〇二一年六月七日、参議院にて）

東京大会に関する最終的な判断権限はＩＯＣにあるものというふうに理解をしております。

（西村康稔《にしむらやすとし》経済再生担当大臣、二〇二一年六月十七日、衆議院にて）

いずれにいたしましても、国といたしましては、開催都市契約を締結している当事者ではありません（後略）。

（河村直樹《かわむらなおき》内閣審議官、二〇二一年五月十八日、参議院にて）

解説

煎じつめれば、いずれの教材提供者も、大会を開催する主体は自分たち日本政府ではなくてＩＯＣ（国際オリンピック委員会）だ、と言いたいようですね。開催を三人称で語っているのです。一瞬、無責任三人称にも聞こえますが、少なくとも表面的には、客観的な事実を述べているまででしょう。たしかに、ＩＯＣと不平等条約、もとい、開催都市契約を結んだのは日本政府じゃなくて、東京都とＪＯＣ（日本オリンピック委員会）だし、その契約には、日本側の都合で大会を中止したりできるような定めもありません。だから政府のエラい人たちがオリンピックの開催について三人称で語りたがるのには一理あります。そのお気持ちをすなおに「受け止めて」あげましょう。「よくわかりました。みなさんはあくまで傍観者だったんですね」

ただ、文脈によっては、同じ日本政府を代表するエラい人たちは手のひらを返したように、一人称で猛烈に当事者ぶったのです。たとえば……

文例

世界で四〇億人がテレビを通じて視聴すると言われるオリンピック・パラリンピックには、世界中の人々の心を一つにする力があります。新型コロナという大きな困難に直面する今だからこそ、世界が一つになれることを、そして、全人類の努力と英知によって難局を乗り越えていけることを、**東京から発信をしたいと思います**。

（菅義偉総理、二〇二一年七月八日、記者会見にて）

解説

さて、「東京から発信をしたい」の主語はだれでしょう？　明らかに一人称「われわれ」、つまり菅総理をはじめ日本政府や日本国でしょう。でも、菅総理は「私自身は主催者ではありません」と言い切っているし、内閣審議官というエラいお役人は「国は当事者ではない」と、政府の関与を否定するようなことを言っています。これらの発言を基準にするかぎり、菅総理や日本政府がオリンピック・パラリンピックの開催で自分たちとして何かを発信しようとするのはとんでもない越権行為、ということになりませんか？　自分たちもくり返し言っているように、自分たちが開催しているオリパラじゃないんだから。開催についての三人称とそろえるため、ここも「発信を（東京都やＪＯＣに）**していただきたい**」などと、三人称にしてほしいですね。

しかし、日本政府としてこのように一人称でオリパラを語るのは、コロナ禍で開催の計画が狂うまえまではむしろ標準的な文法でした。

文例

四年後の東京オリンピック・パラリンピックは、必ずや世界一の大会にする。**何としても成功させなければなりません。**

（安倍晋三総理、二〇一六年九月二十六日、所信表明演説にて）

解説

「何としても成功させなければならない」主語はやはり、自分たち安倍総理をはじめ日本政府や日本国でしょう。一人称としての当事者意識がみなぎる言葉です。

この当事者意識がどれほど強烈なものだったかというと、政府は大金を注ぎこんだだけじゃなくて、オリパラに関する特別措置法を制定して、専任の担当大臣まで置きました。しかも、二〇一六年のリオデジャネイロ五輪の閉会式で、つぎの東京五輪につなぐパフォーマンスに登場したのは、スーパーマリオに扮して土管から現れた、ほかでもない安倍総理ご本人でした。開催の主語は一人称単数「私」だと言わんばかりに。みなさん覚えていますよね。

それなのに、日本の総理大臣自身は主催者ではないんだって。

まとめ

このように、東京大会の開催をめぐって激しい主語の揺れが起きました。いいことづくめに見えたあいだは、政府のエラい人たちはおもに一人称でオリパラを語り、最近やたらはやっている言い方で言うと、遠慮なく「自分ごと化」しました。その成功にあやかって支持率を上げたかったのでしょう。しかし、コロナ禍で開催が大きな頭痛の種になってからは、その是非について厳しく追及されるたんびに、突然三人称でとらえて部外者を決めこんだのです。

人称の使い分けはこんなに保身に便利だったんですね。

練習問題

では、練習問題です。

以下の問題文**1**～**7**はじっさいの政治家の発言で、それぞれ自画自賛の一人称か、こきおろしの二人称・三人称です。まず、どちらなのか答えなさい。

また、各問題文には選択肢の（イ）～（ニ）が続きます。自画自賛の一人称の場合は自画自賛をしているうぬぼれた主体、こきおろしの二人称・三人称の場合は無惨にこきおろされている対象を選択肢のなかから選びなさい。

なお、一部が空所となっている問題文もあります。その場合は、空所に入る言葉が選択肢に示されているので、そのなかから選ぶかたちで正解を答えなさい。

1　愚か者めが！　このくだらん選択をした馬鹿者どもをぜったいに忘れん！

（イ）杉並区民。二〇二一年、自民党の大物である自分を選挙で落としやがったから。

（ロ）民主党の鳩山政権。二〇一〇年、所得制限のない「子ども手当」の設置というばらまきをしやがったから。

（ハ）自民党の岸田政権。二〇二三年、「児童手当」の所得制限を撤廃するというばらまきをしやがったから。

（ニ）自民党の安倍内閣。二〇一四年、限定的な集団的自衛権の行使を認めて、事実上の解釈改憲を勝手にしやがったから。

2　［　　］が生みの親でもあり育ての親でもある児童手当。

（イ）次世代の党。

（ロ）公明党。

（ハ）民主党。

（ニ）日本《にっぽん》未来の党。

3　［　　］そして［　　］、党利党略を優先する政党なんだと、このことが明らかになったんじゃないかな。

（イ）自民党そして公明党。二〇一二年、政策がほんらい違うのに、なかよく連立を組むことに合意したことを当てこすって。

（ロ）希望の党そして日本維新の会。二〇一七年の衆院選にさいして、東京と大阪でなかよく住み分けを決めたことを当てこすって。

（ハ）れいわ新選組そしてＮＨＫ党。二〇一九年、話題づくりのパフォーマンスを競いあったことを当てこすって。

（ニ）立憲民主党そして共産党。二〇二二年、通るわけがない内閣不信任案に国会の貴重な時間を費やしたことを当てこすって。

4 右バッターばかりのチーム。

（イ）結成したばかりのたちあがれ日本（二〇一〇年）。

（ロ）結成したばかりの小池新党「希望の党」（二〇一七年）。

（ハ）発足直後の第四次安倍改造内閣（二〇一八年）。

（ニ）ＷＢＣ（ワールド・ベースボール・クラシック）の侍ジャパン（二〇二三年）。

5 私たちには国民のみなさんの期待に応えきれなかったという苦い経験があります。しかし、その経験は同じ失敗をくり返さないための私たちの大きな財産です。

（イ）日本共産党。ついに社会主義革命を起こせなかったことを逆手にとって。

（ロ）日本維新の会。大阪都構想を実現できなかったことを逆手にとって。

（ハ）立憲民主党。俗にいう「悪夢のような民主党政権」を逆手にとって。

（ニ）（野党時代の）自民党。民主党に政権を譲るきっかけとなった数々の失政やスキャンダルを逆手にとって。

6 民主主義なんていうバカな制度を受け入れたのが①[ ]年前です。②[ ]のクソどもはですね、日本で③[ ]なんて起こしましてですね、その結果日本では民主主義が入ってきました。

(イ)①十五　②民主党　③旋風
(ロ)①七十五　②アメリカ　③反ファシズム運動
(ハ)①百五十　②薩摩・長州　③明治維新
(ニ)①千五百　②渡来人　③大陸文化ブーム

7 みなさんから非常に激励をいただき、「正直に」という言葉を言う方もおられますし、いろいろな言い方をされる方もありますけど、説明して「感心しました」という声しか私は聞いておりません。

(イ)岸田内閣の寺田稔《てらだみのる》総務大臣。二〇二二年、みずらの政治資金疑惑に関して。
(ロ)安倍晋三総理。二〇一九年、「桜を見る会」の私物化疑惑に関して。
(ハ)猪瀬直樹東京都知事。二〇一三年、みずからの不正献金疑惑に関して。
(ニ)鳩山由紀夫総理。二〇一〇年、みずからの偽装献金疑惑に関して。

解答

1 こきおろしの二人称・三人称／(ロ)
ご提供：自民党の丸川珠代参院議員、二〇一〇年三月二十五日、参議院におけるヤジにて。
補足：自民党の岸田政権も結局瓜ふたつの政策(選択肢のハを参照)を採用したわけだから、愚か者とりが愚か者になった、ということ？

2 自画自賛の一人称／(ロ)
ご提供：公明党の石井啓一《いしいけいいち》幹事長、二〇二三年一月二十九日、NHKの討論番組にて。

3 こきおろしの二人称・三人称／(ニ)
ご提供：自民党の茂木《もてぎ》敏充《としみつ》幹事長、二〇二二年六月九日、ぶら下がりにて。

4　こきおろしの二人称・三人称／（ハ）

ご提供：共産党の小池晃書記局長、二〇一八年十月二日、記者会見にて。

補足：文脈と立場によっては、この問題文だけは自画自賛の一人称にもなりえます（理論上）。（例）「われわれはぜったいにぶれない筋金入りの保守、右バッターばかりのチーム」。日本維新の会の馬場代表、使いたければご自由にどうぞ。

5　自画自賛の一人称／（ハ）

ご提供：立憲民主党の枝野幸男代表、二〇二一年十月の衆院選にさいして、政見放送にて。

6　こきおろしの二人称・三人称／（ハ）

ご提供：（毎度の選挙でおなじみの泡沫政党の）日本第一党《にっぽんだいいちとう》の桜井《さくらい》誠《まこと》党首、二〇二二年七月の参院選にさいして、政見放送にて。

補足：「薩摩・長州のクソども」はまさに罵詈雑《ばりぞう》言《ごん》の鑑。明治維新の結果、日本に入ってきたのは民主主義なんていうバカな制度だったという歴史観も新鮮だし。

7　自画自賛の一人称／（イ）

ご提供：岸田文雄内閣の寺田稔総務大臣、二〇二二年十一月十八日、記者会見にて。

補足：寺田大臣はこの自画自賛のわずか二日後に事実上クビになりました。正直な説明でせっかく多くのみなさんを感心させたのに。

レッスン5　答弁回避形

外国語の学習では、「現在形」や「過去形」などとの格闘がつきもの。日本語であっても、古文を学ぶさいには、まず「終止形」や「未然形」や「已然形《いぜんけい》」などをマスターしないとダメ。このように、語学ではいろんな「形《けい》」との出会いがあります。

政界語の勉強で避けて通れないのが「答弁回避形《とうべんかいひけい》」です。

政治家のみなさんは四六時中、質問責めにあっています。国会ではたえず野党から意地悪な質問を浴びせられているし、議場を出たとたん、陰険な記者たちの群れが、あら探しをしようと手ぐすねを引いて待っています。質問に体よく対応する技術が求められるわけですが、いちばん無難な対応法は、**答えること自体をうまく避けること**。

答弁回避形の出番です。

答弁回避形は政界語のなかでも、もっとも高度に発達した文法といえるでしょう。新しい応用例が毎日つぎつぎと生まれていて、集めると一冊の『答弁回避文集』どころか、数百冊にわたる『現代答弁回避文学叢書《そうしょ》』でも編纂《へんさん》できるほどでしょう（そんな大著が何の役に立つかという問題は別にして）。

▼答弁回避形の基本形

答弁回避形の基本形はつぎのとおりです。

○○について／なので／だから、お答え／コメントを（差し）控える

「○○について／なので／だから」のところには、答えられない適当な言い訳が入ります。ただし、これはあくまで基本形で、文脈にあわせて、また、個々の政治家の想像力と創意工夫によって、無限のバリエーションが存在します。答えを避ける適当な言い訳も星の数ほどありますが、代表的なものをいくつかピックアップしていきましょう。

●――適当な言い訳1「個別の事案だから」

都合の悪いことについて具体的に問われたとき、ひじょうに便利な言い訳。その典型はこれです。

文例

今、この**個別の事案について**私はお答えをすることは差し控えさせていただきたいと思いますが（後略）。

（安倍晋三総理、二〇一七年六月五日、参議院にて）

解説

共謀を罰する「テロ等《とう》準備罪」の新設をめぐる審議で、ある事件について問われた安倍総理の答弁です。その事件とは？

ある企業が計画している風力発電施設について、地元の住民が勉強会を開きました。すると、地元の警察がその住民の個人情報をひそかに集めて、その企業に流してしまったのです。

みなさんはこの事件について問われたら、どう答えますか？

「日本の話？　プーチンのロシアじゃなくて？」とあきれることでしょう（はい、日本の話です）。

しかし、テロ等準備罪を必死で設けようとしている政府のトップとしては、このような事件を持ちだされるのはじつに都合が悪いでしょう。ふつうの感覚で「ひどい話ですね」と言えば、テロ等準備罪の導入に反対する側の懸念を半分認めてしまったことになります。一般市民の、たとえば勉強会があの「等《とう》」（本書姉妹編のレッスン3参照）に巻きこまれて、捜査対象になりかねないという懸念ですね。逆に、本心では、「献金でいつもたいへんお世話になっている経済界にたてつく連中が警察に調べられて、どこが問題？」と思っているかも。でも、そんなことを口に出したら、野党やマスコミにぼこぼこにされちゃって、肝心なテロ等準備罪はいつまでたっても新設できません。

さわらぬ神に祟《たた》りなし。事件にいっさいふれなければいい。そこで安倍総理は「個別の事案」だからとおざなりな理由をつけて、答えを差し控えたわけです。というか、差し控えさせていただいた。「させていただきます」活用にしている点にも注意しましょう。答弁回避形によくあるパターンです。

応用

答弁回避形（「個別の事案だから」バージョン）を学校で応用したら、こんな感じになるでしょうか。

先生　〇〇くん、周期表の最初の元素覚えてるか？　言ってごらん。

生徒　個別の事案についてはお答えを差し控えさせていただきたいと思います。

こんな答え方は教室ではぜったいに通用しないのに、国会では日常茶飯事です。

●――適当な言い訳2「人事に関するものだから」

任命権者としての責任が問われた場合とかにたいへんありがたい言い訳。「個別」と組み合わせて「個別の人事」という形でもよく使われます。その例示をお願いしたい先生は、「個別の人事」というフレーズを一日で発した回数の世界記録保持者、森《もり》まさこ議員です。

森さんは安倍政権の法務大臣としての国会審議で、驚異的ともいえる三十三回もこのフレーズを使って答弁を避けたのです（三十三回忌ならぬ三十三回避とでもいうべきでしょうか）。どんな質問をぶつけられても、同じようなことばっかりくり返しました。

文例

（質問）

森大臣　**個別の人事の詳細に関わる事柄**でございますので、差し控えさせていただきます。

（質問）

森大臣　詳細については、**個別の人事のプロセスに関わること**でございますので、お答えを差し控えさせていただきます。

（質問）

森大臣　**いつ誰がどのようになどといった人事のプロセス**については、事柄の性質上、**個別の人事**については従来からお答えを差し控えさせていただいているものでございます。

（質問）

森大臣　先ほどから申し上げておりますとおり、**個別の人事の事柄**でございますので、詳細については差し控えさせていただきたいと思います。

（質問）

森大臣　**個別の人事のプロセスに関わること**ですので、お答えできないことになっております。

（以下同様）

（二〇二〇年三月六日、参議院にて）

解説

この「個別の人事」とは、だれのどんな人事だったのか、みなさんは当然、知りたいでしょうね。文例の精神を活かして「個別の人事については教えられない」と書いて、みなさんを無限ループに陥れようという意地悪な衝動に駆られないことはないのですが、それで国会の審議は成立しても、解説は成立しませんので、すなおに教えましょう。

この「個別の人事」とは、東京高等検察庁のトップ、黒川弘務《くろかわひろむ》検事長の定年延長です。数週間前に閣議決定されたものですが、検察官の定年延長はきわめて異例だったので、魂胆があるんじゃないかと疑心暗鬼を生みました。黒川検事長って、なにかと疑惑の多い安倍政権に甘いといわれているし、政権としては、引退させないことで、そろそろポストがあく全国の検察官のトップ、検事総長に据えるコマとしてとっておきたいとか。

野党の厳しい追及が予想されましたが、責任者の森大臣は「個別の人事については差し控える」という答弁回避形の集中投下によって、議論を入り口で封じることにみごとに成功しました。

●——適当な言い訳3「訴訟中だから」

政治家や政府として不祥事を起こしてしまったとしましょう。それを理由に訴えられるのはけっして望ましい事態ではありませんが、不幸中の幸いというか、ひとつだけ大きなメリットがあります。

その不祥事について根掘り葉掘り聞かれても、訴訟中であることを言い訳として使うことによって、らくらく答弁拒否ができるのです。たとえば、いわゆる赤木ファイルについて問われた菅《すが》内閣の麻生太郎財務大臣みたいに。

背景

赤木ファイルとは、森友学園への国有地の不当な値引き売却に関する財務省の公文書改竄《かいざん》のいきさつを記録したもので、改竄を強いられて自殺に追いこまれた近畿財務局職員の赤木俊夫さんがまとめたもの。赤木さんの妻の雅子さんは損害賠償を求めて国を訴え、財務省が握りつぶしている赤木ファイルの提出も要求していました。

この赤木ファイルをめぐって、国会で立憲民主党の今井雅人《いまいまさと》衆院議員と麻生大臣とのあいだにこんなやりとりが展開されました。

文例

今井議員（前略）覚えていらっしゃると思いますが、これは、生前、赤木さんが、これを見たら我々がどういう過程でやったのか全部分かる、こういうふうに発言しておられたファイルです。ところが**政府は**、**これが存在するのかしないのか**、**その存否すら答えません**。ちょっとひどくないですか。ないならないと言ってもらえればいいんですよ。**財務大臣**、**これはその存否ぐらいは教えていただけないでしょうか**。

麻生大臣　今のファイルにつきましては度々御説明申し上げておりますけれども、これは**現在係属中の国家賠償請求訴訟というものがやられている最中**なのは御存じのとおりです。したがいまして、**その存否も含めて**求釈明《きゅうしゃくめい》事項の対象となっております上、文書提出命令の申立てがなされているということから、訴訟の一方的な当事者である国★としては、**従来より訴訟に関わることは訴訟外でお答えすることは差し控えております**というのは度々申し上げているとおりです。

今井議員　それでは質問を変えます。裁判所から提出を求められたら提出をしますか。

麻生大臣　今申し上げたとおりなんですが、お尋ねの件ですけれども、これは国家賠償請求訴訟の係属中でありますから、**訴訟に関わることとであるためコメントを差し控えたい**ということにしかならないと思っております。

（二〇二一年二月十五日、衆議院にて）

★＝「訴訟の一方的な当事者である国」と言いたかったのでしょう。それにしても、「**一方的な当事者**」とうっかり言ってしまったのは、国を相手にした訴訟における国側の圧倒的な力を言いえて妙。

解説

訴訟では、赤木ファイルの存否は、麻生大臣の使った堅苦しい法律用語を拝借すると、「求釈明事項の対象」となっていました。つまり、被告の国は赤木ファイルが存在するかどうか明らかにするように、原告の雅子さんから求められたのです。これに対して国は、公文書の改竄の経緯自体について争っていないから、回答の必要性がない、と主張していました。一方、今井議員とのやりとりでは、麻生大臣は訴訟中だから回答を差し控える、と答弁回避形を使っています。完全包囲網ですね。
でも結局、国は存在を認めるばかりか、赤木ファイル自体を開示したのだから、麻生大臣がこの時点で存否すら頑として明かさなかったのには、いったいどういう意味があったのでしょう。花が咲かずにいられないように、鳥が鳴かずにいられないように、権力者は情報を隠さずにいられないということでしょうか。それともせっかくのチャンスだから、とりあえず今井議員を相手に答弁回避の軽いトレーニングをしておこうと思ったのでしょうか。
麻生大臣の場合、もはやトレーニングの必要もないほど答弁回避術を極めていますが。

●――適当な言い訳4「仮定の質問だから」

「たられば」の話になった文脈に特化した言い訳。その典型が、さきほどのやりとりに続く問答です。さすがの麻生大臣ですね。

文例

今井議員　いやいや、内容のことを言っているんじゃなくて、裁判所からの要請があったら、じゃ、ファイルという言い方は変えますよ。裁判所から要請があったものにはその要請に応じるということでよろしいですか。

麻生大臣　裁判所から請求があったらという御前提ですか。**仮定の問題ですので、お答えいた**

しかねます。

解説

訴訟の話題が続いていますので、ここでたとえば、

くり返しになりますが、訴訟に関わる問題ですので、お答えいたしかねます。

と、これまでと同じ言い訳をまた使ってもよかったでしょう。しかし、麻生大臣は答弁拒否にメリハリをつけたかったのか、そうはしませんでした。「裁判所からの要請があったら」という今井議員の質問にひそんでいる「たられば」に着目して、それにぴったりフィットした言い訳を厳選しているのです。仮定の問題だから答えられない。

これで今井議員は「なかなか大したものです。感服いたしました」と完敗を認めざるをえませんでした。

英語には「仮定法」がありますが、政界語には「仮定を相手にしない法」があるわけです。

補足

日常の会話では、仮定の質問はいくらでも飛び交います。明日空いてたら映画を見にいかないかとか（明日空いていることが仮定）。生まれ変わったら何になりたいか★とか（生まれ変わることが

仮定）。政治家のみなさんみたいに、こういう仮定の質問に答えるのをにべもなく断ったら（これも仮定ですが）、とりつく島もないでしょう。

——一所懸命がんばって正社員になったら、おれと結婚してくれる？

——仮定の質問ですので、お答えを差し控えたいと思います。

★＝蛇足ですが、私は生まれかわったら、世界一分厚い国語辞典になりたいと思っています。大きな図書館の真ん中にどっしりかまえていて、老若男女にいっぱい引かれたいのです。

「仮定の質問だから」という言い訳は、仮に想定したことだけじゃなくて、ほぼまぎれもない事実について問われても、答弁回避の根拠として使える場合があります。

背景

二〇一〇年五月。日本が非人道的な兵器のクラスター弾を禁止する国際条約に加盟したばかりなのに、米軍の戦闘機が沖縄で、ほかでもないクラスター弾の投下訓練をしているのではないかと報道されました。国会では、時の外務大臣、鳩山由紀夫内閣の岡田《おかだ》克也《かつや》外相が、「米側に抗議してほしい、中止を求めてほしい」と要請されて、こんな答弁をしました。

文例

この問題は非常に難しい問題でありますが、クラスター弾を装着して訓練したという報道につきまして米側に確認をしたところ、米軍は日米安全保障条約の目的の達成のために必要な訓練を定期的に行っているが、訓練内容、使用弾種、訓練実施場所などの詳細については**運用上の理由から明らかにできないという回答があった**ところでございます。したがって、そういったクラスター弾の投下訓練が現にあったかどうかということは確認できないところでありまして、**それがあったという前提でいろいろ議論するということは差し控えたい**というふうに思っております。

（二〇一〇年五月十八日、参議院にて）

解説

クラスター弾を使った訓練をしたかどうかは、「運用上の理由」から米軍が教えてくれないから、岡田外相はクラスター弾の投下訓練を「前提」つまり仮定と片づけ、それ以上の深掘りを避けているんですね。しかし、仮定と片づけるのにはちょっと無理がありました。飛び立つとき戦闘機はクラスター弾をぶら下げていましたが、もどってきたらもうなかったのです。蒸発したとでもいうのでしょうか。

でも、岡田大臣に言わせるとたんなる仮定だし、仮定の質問には答えられないとのことです。

ついでですが、米軍側の教えられない言い訳「運用上の理由」もあっぱれ。無意味な英語からそのまま訳した無意味な日本語で、日本の政治家も参考にできそうです。

閣僚として少しでもみずからの担当分野からずれることを聞かれた場合に、ぴったりの言い訳。そのもっとも先鋭的な使い方を切りひらいている人物は自民党の異端児、河野太郎さんでしょう。そこで、そのご指導を仰ぎたいと思います。

●——適当な言い訳5「所管外だから」

背景

河野さんは平《ひら》議員の時代からたいへんな目立ちたがり屋でした。自民党所属のくせに、自民党の歴代政権が進めてきた原発政策を厳しく批判し、原発ゼロを唱え、脱原発論の急先鋒を演じてみせました。自民党に居場所があるのかな、とはたから見ていて心配になったぐらいです。

しかし、心配には及びませんでした。安倍政権の閣僚になったとたん、河野さんは脱原発についてうんともすんとも言わなくなり、急におとなしくなりました。不思議なほどの突然の選択的沈黙でした。そこである日、安倍内閣の防衛大臣としての就任の記者会見で、某記者がちょっと意地悪な質問をぶつけてみました。

文例

記者　大臣はかねて脱原発という考え方をお持ちでしたが、現在も変わらないんですか?

河野大臣　**所管外ですので、お答えは差し控えさせていただきます。**
記者　一政治家として聞きます。
河野大臣　**所管外です。**
記者　一政治家として聞きます。
河野大臣　けっこうです。
記者　なぜ答えないんですか！
河野大臣　**所管外ですから。**
記者　一政治家としてなぜ質問に答えないんですか。
河野大臣　**閣僚ですから、所管のなかのものをお答えします。**
記者　閣僚も政治家じゃないですか。
河野大臣　失礼します！（会見室からそそくさと出ていく）　（二〇一九年九月十一日、記者会見にて）

解説

この質問にだけはぜったいに答えないぞという強い信念が感じられますね。まずは答弁回避の基本形をもちいて、《適当な言い訳》欄に「所管外だから」をはめて、「させていただきます」で締めくくっています。「所管外ですので、お答えは差し控えさせていただきます」。それから言い訳の部分だけをくり返します。「所管外です」「所管外ですから」。同じことを逆の視点から言ったバリエーションも披露。「閣僚ですから、所管のなかのものをお答えします」。そしてついに答弁回避を超えて、文字どおり答弁逃避を身をもって実演。「失礼します！」。ドロンしたのです。

国会で同じことができないのは、さぞくやしいでしょう。

原発が防衛大臣の所管外だというのは事実です。ただ、河野大臣が「まだ脱原発という考え方か」という質問にぜったいに答えたくないのはそのためじゃないでしょう。動物愛護行政だって防衛大臣の担当じゃありませんが、だからといって、「イヌ派かネコ派か」と聞かれたら、まさか「所管外ですので、お答えは差し控えさせていただきます」と言わないでしょう（「タカ派です」と答えたら、どうしましょう）。

ぜったいに答えたくないのはやはり、答えないほうが無難だからでしょう。まだ脱原発論者だと言えば、「内閣の不一致の恐れはないか」とか、ネチネチ言われかねません。脱原発をやめたと言えば、まちがいなく「日和見主義だ！」「変節漢だ！」と容赦なくたたかれます。つまり本心はこうでしょう。

リスク回避のため、お答えは差し控えさせていただきます。

「デリスキング」というやつですね。

おまけ

河野さんは数年後に岸田内閣のデジタル大臣兼消費者担当大臣に就任し、過去の派手な原発たたきと現在の地位との苦しいギャップがさらに目立つようになりました。というのは、岸田政権はGX（原発、じゃなくて、グリーントランスフォーメーション）と銘打って、原発の全面推進にいきなり舵を切ったのです。河野大臣の従来の主張の真逆でした。

さて、突然ですが、ここでゲリラ的にプチクイズをやりたいと思います。このとき、河野大臣は記者会見で原子力政策の大転換について感想を求められました。じっさいの答え（全文）をつぎの三つの選択肢から選びなさい。

（1）私には曲げられない信念があります。明らかにまちがっている政策転換でありますので、厳重に抗議するためにも、これから首相官邸に出向いて辞表を提出いたします。原発に一貫して反対してきた以上、それが政治家としての節操だと思います。

（2）熟慮した結果、自分のかつての脱原発の主張は理想論だったと悟りました。我が国の厳しいエネルギー環境を考えますと、原発推進こそが日本にとって最善の道だという結論に達したんです。私は自分の誤りを認めようとしない小さい男じゃありません。

（3）担当大臣にお尋ねください。

解答

（3）の「担当大臣にお尋ねください」（二〇二二年八月二十六日）。

解説

「所管外だから」と基本的に同じ意味で、違う視点から言いかえたもの。

ところで、河野さんが「自分じゃなくて○○に聞いてくれ」という趣旨のことを言っているのは、この一回きりじゃありません。しかも、聞いてほしい対象はほかの閣僚とはかぎらず、無生物にまで及びます。たとえば、正体不明の不気味な気球が日本上空で目撃されて、いつのまにか消えてしまったとき。河野さんは当時防衛大臣で、記者団から「また日本にもどってくるという可能性はないんでしょうか」と聞かれました。日本の安全保障にかかわる問題で、さすがに「所管外」とは言えない。そこでこのように質問をかわしました。

気球に聞いてください。

（二〇二〇年六月二十三日、記者会見にて）

●——適当な言い訳6「個人情報だから」

他人に関する情報を打ち明けると、自分に都合が悪い場合に頼りになる言い訳。たとえば、ペテン師と思《おぼ》しき人物をみずからの主催するイベントにうっかり招いてしまったという疑惑をもたれたとしましょう。これはまずいですね。そんな疑惑で追及されたら、いきなり個人情報の守護神に変身すればいいのです。このように。

担当大臣にお尋ねくださいー

文例
桜を見る会の個々の招待者やその推薦元については、**個人に関する情報であるため**、招待されたかどうかも含めて、従来から回答を差し控えさせていただいているところであります。

（安倍晋三総理、二〇二〇年一月二十九日、参議院にて）

解説
安倍総理として参加者を幅広く募っているという認識で、募集しているという認識ではなかった[★1]「桜を見る会」。各界の功労者を慰労するための公的行事ですが、二〇一五年の会にさいして、安倍総理の推薦枠として「募られた」招待者のなかには、オーナー商法というやばい商売をやっていたジャパンライフの会長がふくまれていたんじゃないかと疑われました。当時すでに二度の行政指導を受けていて、のちに逮捕されて、詐欺罪で実刑判決を言い渡されるほどの半端ない人物です。

このような、明らかに功労がない方を「国家行事で慰労してしまったという御認識はおありですか」と問われたさい、安倍総理は右の文例のように、「個人に関する情報である」ことをたてに回答を差し控えさせていただいたのです。

そもそも招待したかどうかではなく、自分の認識を問われているわけだから、このように答えるのはいまいち質問とかみあっていませんが、答弁回避効果は変わりません。しかも、論理的にめちゃくちゃです。ようするに、「招待者が招待されたかどうかも含めて答えられない」と言っていますが、招待されていなければ、そもそも招待者じゃないんじゃないでしょうか。このような筋の通らないまどろっこしさも、追及している相手をはじめ、国会中継を見ている国民をケムに巻くのにたいへん役に立ちます。

　功労者をねぎらうイベントに詐欺師を招待しちゃったなんて、ぜったいに認めたくない安倍総理のお気持ちはよくわかります。そんなことで首相の座を投げだすなんて、さぞくやしいでしょう。でも、「保身のため回答を差し控える」とはさすがに言えません。そこで、まるで第三者の大切な権利をきちんと守る重い責任を果たしているかのように、個人情報の保護という、反論しづらい大義名分を振りかざすわけです。

　個人情報の保護はたしかに大事。でも、桜を見る会は税金でおこなわれている盛大な催しものだし、参加すれば写真をいっぱいとられたり、マスコミに撮影されたりするに決まっています。招待された事実は、住所やクレジットカードの番号や泌尿器科の通院歴とはわけが違うのです。私なんか首相主催のイベントに招待されたら、[★2]招待状をSNSにアップしてみんなに自慢すると思います。じっさい、例のジャパンライフの会長だって、安倍総理名義の招待状を見せびらかした、というか、顧客の勧誘に使ってお金をだましとったとか。

　なのに、国会の審議では、国民の知る権利よりも、そんな詐欺師の個人情報（ただし、当のご本人が積極的に公開して詐欺に悪用したもの）の保護のほうがよっぽど大事らしいです。まあ、安倍総理の回答は好意的に解釈すれば、政府の個人情報保護策の徹底ぶりをアピールしたものととらえられないことはないかもしれません。いや、無理か。このように反応する人はさすがにいないでしょう。

政府はペテン師のイベント参加履歴でさえ極秘にするぐらい、国民の個人情報を大切に取り扱ってるんだ。安心してマイナンバーカードをつくろう！

★1＝六十九頁参照。
★2＝そんな淡い希望を、本書の発表でみずから完全につぶしてしまいましたが。

応用

日常生活でも、他人に関する情報を打ち明けると、自分に都合が悪い場合に、答弁回避形（「個人情報だから」バージョン）は使えるかもしれません。

――あなた浮気してるでしょう！　相手はだれなの?!
――合体した個々の相手については、個人に関する情報であるため、合体したかどうかも含めて、従来から回答を差し控えさせていただいているところであります。

これで修羅場をうまく切りぬけることができればいいのですが、保証はできません。

●――適当な言い訳7「いま発言している自分とは違う自分の話だから」

要職の身でありながら、世間を騒がせかねない自主活動について質問された場合にうれしい言い訳。

その用法を安倍内閣の高市早苗《たかいちさなえ》総務大臣に見習いましょう。ある日、高市大臣の記者会見で、靖国神社への参拝についてこんなやりとりがありました。

文例

記者　八月十五日、また終戦記念日がやってまいりますが、大臣、今回もこの参拝はされますでしょうか。

高市大臣　毎度同じような答えぶりで恐縮に存じますが、**総務大臣記者会見の場でございますので、**個人的なスケジュールについては、**お答えを差し控えさせていただきます。**

（二〇二〇年八月十一日、記者会見にて）

解説

こんなまわりくどいことを言わないで、「はい、参拝します」とか、「いいえ、参拝しません」とか、さっさと答えてしまったほうが時間が省けそうですが、そこはさすがに政治家。高市さんの場合は、参拝するに決まっているけど（案の定、四日後の十五日に堂々と参拝しました）。

ここで高市大臣は「個人的なスケジュール」であることを理由に、靖国参拝の予定について答えるのを拒否していています。

では、高市さんは大臣の記者会見の場で個人的な話をいっさいしないストイックな態度を貫いているかというと、そうでもないようです。なんの屈託もなくプライベートな話をすることもあります。「私自身もヘビーなバイク乗りでございました」とか。大学時代に「ヘヴィメタバンドのドラムをやっておりました」とか。「スキューバダイビングを趣味にいたしております」とか。

ただ、これらの個性は、靖国神社に参拝するという個性とは決定的に違う点がひとつだけあります。高市大臣がいくらバイク女子をやっていても、中国外務省は「強烈な不満と断固とした反対」を表明したりしませんよね。どんなに激しくヘドバンをしながらドラムをたたきまくっても、韓国外交省は「深い失望と遺憾の意」を表しないでしょう。

賛否は別にして、閣僚の靖国参拝は歴史のわだかまりもからんで、ひじょうにデリケートな問題。ただでさえ難しい中国や韓国との外交関係をよけい複雑にしているのは事実でしょう。国内からもそうとう反発を呼び、一部のマスコミがかならずあげつらいます。高市大臣は参拝を数日後に控えて、そのへんの論争に巻きこまれたくなかったにちがいありません。でも、「ここでそんなめんどくさいこと聞くなよ！」と、質問者の頭を愛用のヘヴィメタのドラムスティックでバシッとたたくわけにはいきません。回答しない適当な言い訳がいるのです。

そこで、いま発言している総務大臣としての自分から、個人としての自分を無理に分離独立させました。そして「参拝するかどうか」という記者の質問を後者の自分のスケジュールに関するものと決めつけて、前者の自分の記者会見の場では答えない言い訳をみごとにこしらえました。「毎度同じような答えぶりで恐縮に存じます」といちおう前置きをしていますが、心のなかではちっとも恐縮していないでしょう。

数日後にじっさいに靖国神社に参拝したさい、総務大臣の肩書を記帳したのだから、「個人的なスケジュール」とかは明らかにたんなるフィクションでした。しかし、そのフィクションのおかげで、リベラルの輩《やから》の牽制を封じながら、現役閣僚として靖国参拝を実現して保守層の支持者を大喜びさせることに成功しました。

はたして、中国と韓国はまたもや反発しました。こんなことのくり返しが、高市さんはじめ保守派が好んで使う言葉を借りると、日本の「国益」にかなっていればいいのですが。

▼答弁回避形の見える化

答弁回避はおもに口頭でおこなわれますが、可視化したものもあります。答えをしぶっているんだという姿勢が文字どおりひと目で伝わる、じつにわかりやすいものです。百三十頁の文例をごらんください。

解説

お節介なジャーナリストとか生意気な市民団体が情報公開請求をしてきた場合に対応するための形式。公開される文書を、できるだけ広範囲にわたってこのように処理することによって、「お答えを差し控える」という趣旨をまざまざと伝えます。そして、その部分を不開示とした理由を相手に知らせますが、これは一般的な答弁回避形の適当な言い訳に相当します。

不開示の理由は法律によっていろいろ用意されているから便利です。その情報を公にすると「率直な意見の交換若しくは意思決定の中立性が不当に損なわれるおそれがある」とか、「公共の安全と秩序の維持に支障を及ぼすおそれがある」とか、あるいは相手を縮こまらせるのにもっとも効果的な「国の安全が害されるおそれがある」とか。少し拡大解釈すれば、どんな内容だってどれかの理由に該当させることができそうです。

文例

○○省情報管理室

国民のいわゆる知る権利に関する課題の整理

1　経緯

[redacted]

2　現状

[redacted]

3　検討

[redacted]

4　今後の対応

[redacted]

以上

練習問題

では、練習問題に移りたいと思います。

以下の文章**1**～**10**は、政治家やそれに準ずるお歴々に向けた質問の要旨で、続く選択肢の（イ）～（ヌル）は、それらの質問に対してじっさいに使われた答弁回避形です。

どの答弁回避形が、それぞれの質問に答えたもの（というより、答えなかったもの）か選びなさい。

なお、いくら答弁回避形の練習問題といっても、ここは国会ではありませんので、無回答は不正解として扱われます。

質問の要旨

1　統一教会の関連団体が主催したイベントに参加されたという報道があるが、事実か？

2　（尖閣諸島のひとつ、当時防衛省が民間から賃借していた）久場島《くばじま》について、防衛省は年間いくら払っているか？

3　決裁文書の書きかえを知っていたか、かりに知っていたならば、だれがどのような動機で、いつ、だれに書きかえを指示したのか？

4　反撃力の行使について、いくつか具体例を挙げて説明してもらいたい。

5　森友学園の国有地取得に関する公文書を見せてほしい。

6　沖縄県では、辺野古移設の賛否を問う県民投票を実施されることとなったが、総理として投票結果を尊重する意思があるか否か？

7　来年度の予算編成で、税収が上がって余裕が出てきたときに、それを何にあてるのか？

8　日本学術会議が推薦した候補者六人を首相が任命しなかったことだが、学問の自由への侵害に当たるかどうかについて、大臣の認識は？

9　昨日、総理は御自身の長男を政務担当の総理秘書官に起用したが、起用の理由は？

10　官房長官は、この会見はいったい何のための場だと思っているのか？

答弁回避形リスト

（イ）私が捜査の対象であり刑事訴追を受けるおそれがございますので、その点につきましては答弁を差し控えさせていただきたいというふうに思います。

（ロ）個別の人事について詳細はお答えを差し控えます。

（ハ）地方自治体における独自の条例に関わる事柄について、政府として見解を述べることは差し控えたいと思います。

（ニ）ご指摘の行事につきましては、私個人の政治活動に関わることでありますので、今この会見の場でお話することは差し控えさせていただきたいというふうに思います。

（ホ）私は、これは所管外でありますので、答えを差し控えさせてもらいます。

（ヘ）仮定の話でありますので、ちょっと現時点でそれに対してお答えすることはできません。

（ト）相手方のプライバシーの問題がありますので、お答えを差し控えさせていただきたいというふうに思います。

（チ）手のうちを明らかにするということになるわけですから、そうした細かい具体的な説明までは行うことを控えなければならないということだと思います。

（リ）あなたに答える必要はありません。

（ヌル）[redacted]

解答

1　（ニ）ご提供：岸田内閣の磯﨑《いそざき》仁彦《よしひこ》内閣官房副長官、二〇二二年七月二十八日、記者会見にて。

2　（ト）ご提供：菅直人内閣の松本《まつもと》大輔《だいすけ》防衛大臣政務官、二〇一〇年十月二十七日、衆議院にて。

3　（イ）ご提供：財務省の佐川《さがわ》宣寿《のぶひさ》前理財局長、二〇一八年三月二十七日、参議院における証人喚問にて。

4　（チ）ご提供：岸田文雄総理、二〇二三年一月三十日、衆議院にて。

5　（ヌル）ご提供：財務省、二〇一七年三月二十二日、情報公開請求に対して。

6（ハ）ご提供：安倍晋三総理、二〇一八年十月三十一日、参議院にて。

7（ヘ）ご提供：安倍内閣の麻生太郎財務大臣、二〇一三年十一月二十九日、衆議院にて。

8（ホ）ご提供：菅義偉内閣の小此木《おこのぎ》八郎《はちろう》国家公安委員長、二〇二〇年十月二日、記者会見にて。

9（ロ）ご提供：岸田文雄総理、二〇二二年十月五日、衆議院にて。

10（リ）ご提供：安倍内閣の菅義偉官房長官、二〇一九年二月二十六日、記者会見にて。

レッスン6　その他の文法事項

答弁回避形以外にも、政界語特有の文法がいくつかあります。最後のレッスンでは、その一部を見てみましょう。

▼甘い未来形

プロポーズの言葉の定番として、こんなものがあるそうです。

ぜったい幸せにするよ。
あなたのことはぼくが一生守ります。
一生大切にします。
これからもずっと愛しつづけます。

以上はいずれも相手に対する約束で、文法的には未来形と考えていいでしょう。かなり甘〜い未来形ですが。「結婚してくれれば、ぜったいにこうします！」という必死の自己アピールです。
悲しいことに、こういうすてきなプロポーズに落ちて結婚がめでたく成立しても、美しい約束が絵に描いた餅に終わってしまうケースは少なくないかもしれません。

政界語にも同じような**甘い未来形**があって、しかも絵に描いた餅に終わってしまうのがむしろふつうです。とくに選挙のさいに登場して、有権者を口説きおとすため集中的に使われる傾向があります。

そんな甘い未来形の古典の名作とでもいうべきものはこれでしょう。

文例

・税金のムダづかいと天下りを根絶します。
・議員の世襲と企業団体献金は禁止し、衆院定数を80削減します。
・中学卒業まで、1人当たり年31万2000円の「子ども手当」を支給します。
・出産時に55万円の一時金を支給します。
・年金制度を一元化し、月額7万円の最低保障年金を実現します。
・後期高齢者医療制度は廃止し、医師の数を1・5倍にします。
・中央政府の役割は外交・安全保障などに特化し、地方でできることは地方に移譲します。
・ガソリン税、軽油引取税、自動車重量税、自動車取得税の暫定税率を廃止し、2・5兆円の減税を実施します。
・高速道路は段階的に無料化し、物流コスト・物価を引き下げ、地域と経済を活性化します。
・中小企業の法人税率を11％に引き下げます。

（「民主党の政権政策Manifesto2009」より、二〇〇九年七月二十七日発表）

解説

これは二〇〇九年七月、鳩山由紀夫さん率いる民主党が総選挙を控えて発表した「マニフェスト」、つまり選挙公約をまとめた政権政策集の一部を抜粋したものです。多くの有権者がこの夢のような話に心を奪われた結果、民主党は選挙で圧勝、自民党を権力の座から引きずりおろして、晴れて日本国民を代表する政府となりました。

このバラ色の公約のオンパレードの行く末は、みなさんご存じですよね。先のプロポーズの言葉で考えると、「ぜったい幸せにする」と誓っておきながら、ふつうに不幸にするようなものでした。甘い未来形は、そんな頼りない文法なのです。

選挙公約の甘い未来形と政権運営の苦い現実とのあまりにも大きなギャップに幻滅し、日本国民はやがて民主党政権に愛想をつかして、二〇一二年の総選挙で自民党とよりをもどしました。こんどは自民党の甘い未来形に引っかかったのです。

文例

・日本を、取り戻す。
・名目3％以上の経済成長を達成します。
・大学教育の見直しや、質・量ともに世界トップレベルとなるよう大学強化などを行います。
・議員定数の削減など国民の求める改革を必ず断行します。そして、真の政治主導による信頼される政治を実行します。
・社会のあらゆる分野で2020年までに指導的地位に女性が占める割合を30％以上とする目標（〝2020年30％〟〈にいまる・さんまる〉）を確実に達成し、女性力の発揮による社会経済の発展を加速させます。
・「天下り」を根絶します。

（「重点政策2012　自民党」より、二〇一二年十一月二十一日発表）

解説

二〇一二年末の総選挙にさいして、安倍晋三さん率いる自民党が発表した政権公約の一部です。民主党のマニフェストほどの大盤ぶるまいではないにしろ、かなり魅力的な自己アピールです。「天下りを根絶します」という部分に至っては、完全にダブっています。

この政権公約が世に出てから十年以上、自民党は政権の座に居座っていますが、どのぐらい実現できたのでしょうか？

政権公約集の表紙を飾った最初の「日本を、取り戻す」という未来形だけは完全に叶えられました。自民党は選挙で大勝して、文字どおり民主党から日本を、取り戻したわけだから。

自民党のみなさんにとっては最高に甘かったのでしょう。

▼永遠の未来形

政界語では、ちょこちょこ使われる未来形がもうひとつあります。つぎの文例を読んでください。

文例

国民の皆様に疑念を与えた結果となったことについては深く反省し、襟を正し、**今後とも誠実に説明責任を果たしてまいりたい**と考えております。

（安倍晋三総理、二〇一八年六月二十五日、参議院にて）

解説

「国民の皆様に疑念を与えた結果となった」のは、具体的には森友学園問題とそれに関する財務省の公文書改竄《かいざん》、および加計《かけ》学園問題★を指します。つまり信頼されない政治の代名詞ともなったモリカケです。マニフェストに記された「真の政治主導による信頼される政治を実行」するとの未来形を信じたのはやっぱり甘かったといえますね。なお、「桜を見る会」問題がなぜふくまれていないかというと、この時点ではまだバレていないからです。

安倍総理が「誠実に説明責任を果たしてまいりたい」と言っているんだから、当然、将来のある時点で誠実に説明責任を果たしてくれるだろう、と解釈するのはふつうの日本語の感覚。でも、じっさいに説明責任を果たしてくれるのは、いつまでも将来の不特定の時点にあったのです。「果たしたい」とか「果たしていかなければならない」とか「果たしていく考えだ」とかと永遠にくり返しただけです。

これこそが**永遠の未来形**。

永遠の未来形は、「○○をする」「○○をしたい」などという形をとり、意思を表すふつうの日本語となかなか区別がつきません。ただ、肝心な「○○」が未来永劫《えいごう》にわたって実現しないところにその特徴があります。

いつやるか？　いまじゃないでしょ！

それが永遠の未来形なのです。

★＝安倍首相のダチが理事長を務める加計学園に政府が不当に便宜をはかったんじゃないかという疑惑。

補足

安倍総理の「今後とも誠実に説明責任を果たしてまいりたい」のような発言の文法について、政界語学界では、永遠の未来形説を否定し、別の学説を唱える向きもあります。

まず、つぎのちょっと不自然な会話文を読んでください。

——永遠の愛を誓います。

——お断りします。

——頼むよ。

——厳重に抗議したいと思います。

——じゃ、撤回します。

ロボットのような奇妙な求愛のしかたですが、言語学的には、これらの発話はいずれもたいへんおもしろい特徴を備えています。それぞれの動詞の使い方に注目しましょう。一般的な動詞の使い方とはちょっと違うのです。

「ぶつ」という動詞を例にとってみましょう。「ぶつよ！」と言えば、ぶつという行為をおこなうことの予告になります。ぶつのをやめようと思えば、まだまにあいます。しかし、この会話の動詞はそうではありません。たとえば「永遠の愛を誓います」。「誓います」と言えば、誓うという行為をおこなうことの予告ではなく、誓う行為そのものです。言ってから、誓うのをやめようと思っても、もう遅い。

「お断りします」も「頼む」も「撤回する」もしかり。

「厳重に抗議したいと思います」も、形式的には意思表示の形をとっていますが、やはり厳重に抗議するという行為の予告ではなく、厳重抗議そのものです。

言語学では、このように使われる動詞は「遂行動詞《すいこうどうし》」といい、このような文章は「遂行文《すいこうぶん》」といいます。

さて、この話は本題といったいどういう関係があるのでしょうか。

安倍総理の「誠実に説明責任を果たしてまいりたい」は、**ニセ遂行文**ととらえるべきだ、という

丁寧に…
今後も…
説明をして…
行きたいと…
思います…
今後も…

一説があります。つまり、「誠実に説明責任を果たしてまいりたい」と言えば、誠実に説明責任を果たしたことになる。言っているご本人はそう勘違いしているんじゃないか、という説です。たしかに、そう解釈すると、安倍総理の前後の言動とつじつまがあいますね。

どの説をとるかは、受講生のみなさんの自由です。

▼現在否定形

永遠の未来形は、やると思わせておいて、なかなかやってくれないという文法です。その逆もあります。つまり、やらないでいてくれると思わせておいて、結局やってしまう。

文例

原発の新増設[★1]については、**現時点では想定しておりません。**

（安倍晋三総理、二〇一八年一月二十五日、衆議院にて）

原発依存度を可能な限り低減し、新増設やリプレース[★2]は**現時点では想定していない**という政府の考え方に変わりありません。

（菅義偉総理、二〇二一年一月二十日、衆議院にて）

今、政府において、リプレースということについては、**現時点では想定していない**というのが政府の方針であります。

（岸田文雄総理、二〇二二年五月二十七日、衆議院にて）

★1＝注のなかでいきなりクイズです。この「新増設」はつぎのどちらの意味でしょうか？
（イ）「新設と増設」
（ロ）「新しく増設すること」
正解は（イ）です。それにしてもまぎらわしいですね。
★2＝「とりかえ」という意味で、ここでは原発の建てかえを指します。だったら、「原発の建てかえ」と言えばいいのにね。

解説

福島の原発事故以来、政府はずっとこのように、原発の「新増設」や「リプレース」はしないと匂わせてきました。かといって、きっぱり「新増設やリプレースはしませんよ」とは言いきっていません。そのような未来の否定文は使わないで、「現時点では想定していない」と、**現在否定形**を使っているのです。

あくまで現時点における想定なので、気が変われば、いつでも方針の変更ができるのがこの文法の利点です。

そして案の定、気が変わりました。

最後の文例のわずか三か月後、岸田総理は原発回帰に突然舵を切って、想定されていなかったはずの原発の新増設やリプレースについて検討することにしたのです。

原子力の利用拡大は日本にとってほんとうに不可欠だ、と岸田総理は確信していたかもしれません。それなら、ちょうどその三か月のあいだに、参議院選挙という国政選挙があったわけだから、選挙期間中、原発の必要性について国民と腹を割って議論してもよさそうなものでしょう（日本はいちおう民主主義なんで）。なのに、ぜんぜん争点にしなかったし、政権党の自民党の公約でも、原発の新増設やリプレースについてはひと言もふれませんでした。選挙を無事乗りきってから、いきなり持ちだしてきた話なのです。

原発事故の記憶がまだ生々しく、原子力をフェードアウトさせてくれるだろうと期待していた多くの日本国民にとっては寝耳に水、まさに想定外でした。「新しい原発をつくらないとか言ったんじゃなかったっけ」と思ったとしても不思議じゃありません。でも、為政者たちは、現在否定形を駆使したおかげで、屁理屈をこねてこのように反論してきそうです。

新増設やリプレースはしないとはひと言も言っていませんよ。「現時点では想定していない」と言っただけです。

応用

政界語の現在否定形を日常のシーンで応用すれば、こんな感じになるのでしょうか。

夫　今日は遅くなるから家事手伝えないや。ごめん。

妻　遅くなるの？　なんで？

夫　このごろ……忙しいから、残業があって……
妻　ふーん……飲みにいったりしないわよね。
夫　飲酒をともなう活動は現時点では想定していません。

この旦那さん、ほんとうに飲みにいかないと思いますか、みなさん？

▼御指摘否定形

政界語特有の否定形はもうひとつあります。
「あんたたち、カネを流用してるんだろ！」と責められたとしましょう。ふつうの日本語では、このように否認するかもしれません。

ぼくらがカネを流用してるって?! そんなわけないでしょ！

そんなわけがある場合でも、こう言い張ることは十分ありえます。
では、この否定文を政界語に訳すと、どうなるかというと、だいたいこんな感じ……。

文例

復興特別所得税を防衛費に流用しているとの御指摘は当たらないものと考えております。

（岸田内閣の鈴木俊一財務大臣、二〇二三年二月九日、衆議院にて）

解説

まず、「復興特別所得税」とか「防衛費」とかが出てきますが、これはどういうことかというと、岸田政権は防衛費の大幅な増額をまかなうため、ウルトラCをひねりだしました。財源のひとつとして、所得税額に一パーセントの付加税を上乗せする。そして、国民の負担、というより「負担感」が増えないよう、東日本大震災の復興特別所得税をそのぶん引き下げて、課税期間を延ばす。

これに対して、「復興税を防衛費に流用しているだけじゃないか！」という声が多く上がりました。国会でも、担当の鈴木財務大臣は野党にそう批判されました。本心では「そんなわけないでしょ！」とすっとぼけたかったにちがいありませんが、そうは言わずに、立派な政界語で「御指摘は当たらない」と答弁したわけです。**御指摘否定形**ですね。

ところで、鈴木大臣は「御指摘は当たらない」と主張する根拠として、つぎのような論理を展開しました。

復興特別所得税については、現下の家計の負担増にならないよう、その税率を引き下げるとともに、課税期間を延長することとされておりますが、その延長幅につきましては、復興財源の総額を確実に確保するために必要な長さとされているところであり、復興事業に影響を及ぼすことのないようにしております。

募金で集めたカネを別の用途に回しておいて、「ほんらいの目的の募金期間を延ばすから、だいじょうぶ！　流用じゃない」とこじつけるようなものですね。

日本広しといえども、「そうなんだ！　復興特別所得税を防衛費に流用してるわけじゃないんだ！」などと真に受ける人は、よっぽどのウブじゃないかぎり、まずいないのでは？

政界語の「当たらない」はそれほど説得力のない文法なのです。

応用

本書を最後まで読んでくださって、ありがとうございます。いかがでしたでしょうか。

厳しいご意見も覚悟しています。教材の選び方が恣意的で、自分に都合のいいところだけを切りとって、言葉尻をとらえているだけだとか。寒いダジャレばかり飛ばしているじゃないかとか。授業内容そのものが低俗な言葉遊びでしかないから、学費を返してほしいとか。

そういった御指摘はいっさい当たらないものと自負をさせていただいております。

練習問題

では、最後の練習問題に挑戦しましょう。

つぎの文章は近未来、二〇××年の衆議院選挙とそのあとの政局を描いたものです。

将来の話でありながら、不思議にデジャブ感があるかもしれません。

文章を読んで、あとの設問に答えなさい。

百歳を超えてもあいかわらず口達者な麻生太郎総理は、相次ぐ不適切発言で毎日のように「私の真意と異なり［　　］（1）を招いたことは遺憾だ」という趣旨のことをくり返すなど、世論の反発を呼ぶ言動が目立った。

一方、二世以上の候補を選挙で優遇するという自民党の長年の慣習が党の綱領に正式に盛りこまれたことに危機感を覚え、ごくひと握りとなった非世襲の議員は離党し、数十年ぶりの政権奪取をめざす野党第一党と合流して、新党を結成した。左から右まで多様な考え方や立場を包摂する大所帯で、最大公約数をとって、新党名を「国民に寄り添うSDGs DX BTS民主平和安心新党」とした。とにかく有権者の心をつかみたいという執念が伝わる党名であった。

新党のマニフェストには、野心的な公約が並んだ。

消費税及び社会保険料を廃止します。

国民一人一人に毎月10万円を給付します。

聖域なき大胆な構造改革を断行し、名目7%以上の経済成長を達成し、ジャパンアズナンバーワンを、取り戻します。

積極的な防衛装備品の整備によって、世界平和を5年以内に実現します。

天下りを根絶します。（2）

この魅力的な公約集が国民の広い支持を集め、野党新党は選挙で圧勝し、政権の座についた。だが、ご祝儀相場は長く続かなかった。いざ公約を実現させるとなると、その難しさが浮き彫りになったのである。国の借金が三千兆円に迫るなか、「マニフェストにあるような大幅な歳出拡大は無責任きわまりないではないか」と厳しい声が国会内外で上がった。しかし、新党の党首で新首相となった口崎計《くちさきはかり》の答弁はいつも同じであった。

　財源は確保しておりますので、無責任との［　　］（3）というふうに認識しております（4）。

だが、財源の詳細を問われると、口崎首相は

　こうしたことを今後も丁寧に説明をして行きたい（5）。このように思います。

とくり返すのみであった。じっさい、政権内では財源について激しい論争がくり広げられていた。日本銀行に国債の買い切りを法律で義務づけるという案も議論されたが、日銀本部ですでに山積みとなっている国債の海洋放出をしないと、新規の国債を置くだけの空きスペースがないことが判明し、断念された。

　一方、財務省では、日本国の資産を最大限活用し、桜の写真一枚につき税金を十円徴収するという「さくら撮影税」構想が極秘に検討され、年間数兆円の税収が期待できるという概算がなされた。国民の強い反対が予想されることが唯一のネックであったが、新税の構想が煮つまらないうちにマスコミに漏れ、大きく報道され、物議を醸した。

　口崎計首相は記者会見で報道の真偽について問われ、このように応じた。

　「さくら撮影税」の導入については、［　　］（6）では想定しておりません。

設問

1　空所を埋めなさい。

2 傍線部の文法について、何形か答えなさい。

3 御指摘否定形を使って、空所を埋めなさい。

4 傍線部を「させていただきます」活用にしなさい。

5 傍線の政界語のニュアンスを吟味し、今後つぎの（イ）（ロ）のどちらが起きる可能性が高いか、答えなさい。

（イ）丁寧な説明がなされる

（ロ）丁寧な説明がなされない

6 文が現在否定形になるように、空所を埋めなさい。

解答

1 誤解

2 甘い未来形

3 御指摘は当たらない

4 認識させていただいております

5 （ロ）

6 現時点

おわりに

本書にとりかかったきっかけは、コロナ禍のなかでいただいた一通のメールです。「『政治家論法（文法）ワークブック』を書いてくれないか」というものでしたが、最初はあまり乗り気じゃありませんでした。

一蹴しなかったのは、いただいたメールに妙に引っかかることがあったからです。差出人は太郎次郎社エディタスの漆谷伸人《うるしだにのぶと》氏でしたが、「漆谷」という、はじめて見た苗字が目を引いて、「漆の谷って、どういう谷だろう」と想像をふくらませているうちに、「話ぐらい聞こうか」という気になりました。「佐藤」さんや「鈴木」さんだったら、この本は生まれなかったかもしれません。執筆の機会を提供してくださったことについて、氏のみならず、印象深い苗字を名乗ったご先祖さまにまで、お礼を述べたいと思います。

そして、だれよりも本書の誕生に貢献したのは、妻の好子《よしこ》です。原稿をぜんぶ読みとおして、添削しただけじゃなく、てにをはの使い方や日本語の言いまわしに関する私のしつこい質問にいちいち答えるなど、まさに寄り添う日本語のテクニカルサポートを提供してくれました。さらに、私がぼんやりとしか覚えていない政治家の発言の記録や映像をピンポイントで突きとめたりして、すぐれた調査員も務めてくれました。

そこで彼女に深く感謝するとともに、この場を借りて誓いを立てたいと思います。真夜中の二時ごろとか、とんでもない時間に「ね、よしこちゃん、ちょっと調べてほしいのがあるんだけど、いいかな」と頼むなど、ブラック企業なみのことはもう二度としません。

原則として。★

★＝無限の抜け穴を残すのにたいへん便利なこの用法は、本書の姉妹編『ニッポン政界語読本【単語編】——ぼかし言葉から理念の骨抜き法まで』をすでにお読みのみなさんなら、すぐピンときましたよね。え？　まだ読んでいないって?!　百点満点中一千点ぐらい、と自己評価をさせていただいております。なんちゃって。「だまされた」と思って、ぜひご一読ください。

著者紹介

イアン・アーシー
Iain Arthy

カナダ人のフリー翻訳家、ことばオタク。1962年生まれ。1984年から3年間、日本の中学校で英会話講師を務めるとともに、日本語を独学で習得。現在、日本在住。翻訳のかたわら、古文書解読などの研究にいそしむ。漢字に目がなく、永遠の日本語学習者を自覚。古代ギリシア語オタクでもある。趣味は史跡巡り、筋トレ、スキンヘッドの手入れ。著書に、『怪しい日本語研究室』(新潮文庫)、『政・官・財(おえらがた)の日本語塾』『マスコミ無責任文法』(ともに中央公論新社)がある。本書は20年ぶりの著書となる。

ニッポン政界語読本【会話編】
無責任三人称から永遠の未来形まで

2023年12月20日　初版印刷
2024年 1 月30日　初版発行

著者　イアン・アーシー
イラスト　ひらのんさ
装幀　松田行正＋杉本聖士
組版　四幻社
発行所　株式会社太郎次郎社エディタス
東京都文京区本郷3-4-3-8F　〒113-0033
電話 03-3815-0605　FAX 03-3815-0698
http://www.tarojiro.co.jp/
電子メール　tarojiro@tarojiro.co.jp
編集担当　漆谷伸人
印刷・製本　シナノ書籍印刷

定価はカバーに表示してあります
ISBN978-4-8118-0866-6　C0095

ニッポン政界語読本【単語編】目次より　★人名は教材提供者。肩書きはすべて発言当時のもの

大西英男衆議院議員・安住淳国会対策委員長（マスコミ対応）
▼「多様性」の骨抜き法
菅義偉総理（所信表明演説・日本学術会議）
▼「女性活躍」の骨抜き法
安倍晋三総理（施政方針演説など）

レッスン5　もふもふ言葉と見得切り表現

▼もふもふ言葉の代表選手
「寄り添う」
安倍晋三総理・石井啓一公明党幹事長・泉健太立憲民主党代表・
菅義偉総理・岸田文雄総理（自党アピール・沖縄）
▼その他のもふもふ言葉
「友愛」
鳩山由紀夫総理（みずからの政治理念）
「共感」
岸田文雄総理（みずからの政治理念）
「感動」
鈴木俊一オリパラ大臣（東京五輪）
「希望」
小池百合子東京都知事（党名）
「安心」
山口那津男公明党代表（みずからの政治理念）／甘利明経済産業大臣（原発）
▼見得切り表現

「ぶっ壊す」
立花孝志ＮＨＫ党党首・小泉純一郎総理（みずからの政治理念）
「れいわ新選組」
山本太郎れいわ新選組代表（党名）
「元年」
岸田文雄総理（スタートアップ創出元年）／橋本龍太郎総理（財政構造改革元年）

レッスン6 カタカナ言葉のスタンドプレー術

▼「アウフヘーベン」
小池百合子東京都知事（新党立ち上げ、築地市場移転）
▼「ワイズスペンディング」その他
小池百合子東京都知事（東京五輪など）
▼「デジタル」
岸田文雄総理（デジタル田園都市国家構想）
▼「デジタルトランスフォーメーション」
自民党（政府の方針）
▼「グリーントランスフォーメーション」
岸田文雄総理（政府の方針）
▼「ＳＤＧｓ」
木下ふみこ都議（党名）

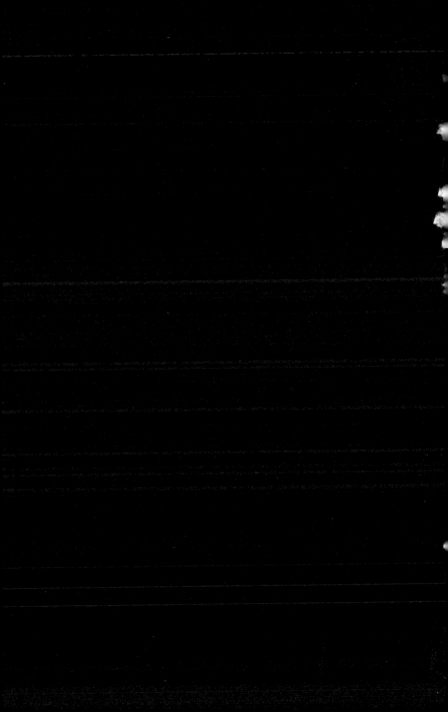